말씀에 愛
기도애

말씀애 기도애

지은이 | 김현미
초판 발행 | 2013. 8. 27
3쇄 발행 | 2013. 10. 19.
등록번호 | 제3-203호
등록된 곳 | 서울특별시 용산구 서빙고동 95번지
발행처 | 사단법인 두란노서원
영업부 | 2078-3333 ᶠᴬˣ 080-749-3705
출판부 | 2078-3477

▌책 값은 뒤표지에 있습니다.
ISBN 978-89-531-1948-2 03230

▌독자의 의견을 기다립니다.
tpress@duranno.com   http://www.duranno.com

두란노서원은 바울 사도가 3차 전도 여행 때 에베소에서 성령 받은 제자들을 따로 세
워 하나님의 말씀으로 양육하던 장소입니다. 사도행전 19장 8-20절의 정신에 따라 첫
째 목회자를 돕는 사역과 평신도를 훈련시키는 사역, 둘째 세계선교(TIM)와 문서선교
(단행본·잡지) 사역, 셋째 예수문화 및 경배와 찬양 사역, 그리고 가정·상담 사역 등
을 감당하고 있습니다. 1980년 12월 22일에 창립된 두란노서원은 주님 오실 때까지 이
사역들을 계속할 것입니다.

말씀에 愛 기도애

김현미 지음

두란노

contents

|프롤로그|
한길 가는 순례자들과 나누고 싶습니다   6

Part 1 **나의 기도 큐티 이야기**

01 믿음의 첫발을 떼다   15

02 기도와 큐티에 열중하다   21

03 드러난 어둠과 정면 대결하다   27

04 기도와 큐티에도 약점이 있다   33

05 기도와 큐티란 무엇인가   41

Part 2 **말씀을 붙들고 기도하라** (창세기 기도 큐티 21일)

1일 인간, 태어나자마자 안식을 선물로 받다   49

2일 무화과 잎 대신에 가죽옷을 입다   58

3일 내 안에서 가인을 발견하다   64

4일 인류 역사상 첫 죽음을 목격하다   70

5일 가인, 땅에서 유리함이 구원이다   77

6일 다른 씨를 예비하심이 하나님의 기쁨이다   84

7일 노아의 홍수, 끝이 아닌 다시 시작   91

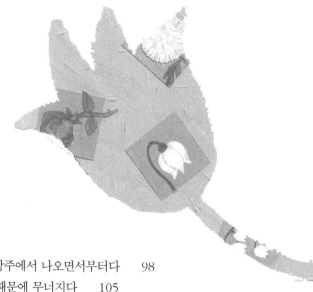

8일 진짜 동행은 방주에서 나오면서부터다 98

9일 바벨탑, 교만 때문에 무너지다 105

10일 아브람의 길이 곧 우리의 길이었다 112

11일 롯이 떠나야 아브람이 약속의 땅을 본다 119

12일 하나님은 하갈을 버리셨는가? 126

13일 침묵을 깨고 다시 언약을 주시다 134

14일 하나님은 언약을 주시고 나는 헌신을 드린다 141

15일 가장 소중한 것을 드려도 손해 보는 것은 없다 151

16일 사이에 끼인 이야기 158

17일 죄 많은 인생 위에 벧엘을 세우시다 167

18일 사랑만이 사람을 변화시킨다 174

19일 힘 근원을 쳐서라도 깨닫게 하신다 181

20일 환난 날에 낙담하지 말고 벧엘로 올라가라 192

21일 순전한 요셉, 꿈을 잃지 않다 201

Part 3 기도 큐티 이렇게 하라

01 기도 큐티가 방법이다 213

02 기도 큐티 노트 225

한길 가는 순례자들과 나누고 싶습니다

말씀 묵상과 기도는 포기할 수 없는 은혜의 통로입니다

어느새 기도에 관한 책을 낸 작가로 그리고 중보기도학교에서 기도를 가르치는 사람으로 알려졌지만 말씀 묵상 역시 기도와 함께 내 삶의 생명의 샘이 되는 은혜의 통로입니다. 말씀 묵상과 기도는 서로 뗄 수 없는 한 몸과 같습니다.

말씀 묵상이 기도로 이어지고, 기도하다가 다시 말씀을 묵상하게 되는 것이지요. 말씀을 붙들고 하는 기도란 바로 이러합니다.

그리스도의 생명을 얻은 후 뼈저리게 느낀 것이 있습니다. 주 안에서 삶의 방향을 제시받지 못하면 늘 자신이 원하는 방향으로 가게 된다는 것입니다.

날마다 말씀을 통해 가야 할 길을 제시받고, 기도로써 말씀에 순종할 수 있는 힘과 능력을 얻습니다. 이것은 결코 포기할 수 없고 포기해서도 안 되는 은혜의 통로입니다.

난생 처음으로 새벽기도를 시작했던 때가 기억납니다. 매일 새벽마다 나 자신과 치열한 싸움을 벌여야 했지요. 일단 뭔가를 결심하고 시작하면 꾸준히 해야 한다는 주의라 스스로에게 다짐한 것들을 지켜 내느라 별별 방법을 다 써봤습니다.

친한 집사님과 새벽기도회에서 매일 만나기로 약속하기도 하고, 여러 사람들과 작정기도를 하자고 청하기도 하고, 작정금식을 선포해서 어떻게든 지키려고 노력하기도 했습니다.

그러면서 터득한 것은 그날그날 말씀을 먹고 사는 것이 중요하다는 것이었습니다.

새벽기도를 하면서 품었던 말씀을 종일 묵상하며 살기 시작했고, 낙심하고 좌절할 때면 그날 묵상했던 말씀이 마음에 위안을 주는 것을 실제로 경험하게 되었습니다.

그러나 말씀으로 감동받은 마음과 나의 이기심은 계속해서 충돌을 일으켰습니다.

"마음을 넓게 가지고 용서해야 해!"

"꼭 그럴 필요가 있을까?"

"병원에 심방 갔을 때 믿지 않는 사람에게 복음을 전할 수 있으면 좋겠어."

"보란 듯이 전도에 성공했으면 좋겠어."

"그 사람을 도와야 해! 가진 것을 셈하지 말고 나눌 수 있는 것이 얼마나 되는지 정직하게 살펴보자!"

"무슨 여유가 있어서 다른 사람을 도와? 내 코가 석자나 되는데…."

갖가지 이유를 들면서 주님이 주신 감동을 외면하고 내가 원하는 대로 하려는 내면의 싸움이 일어나기도 했습니다. 심지어는 하나님께 이상한 질문을 드리기도 했습니다.

"주님, 제가 이렇게까지 하는데 그래도 만족하지 못하시나요?"

마음속 선악과를 발견하면 길이 보입니다

창세기의 선악과 사건을 읽다가 내 마음속 선악과를 발견했습니다.

"하나님보다 내가 옳습니다! 하나님보다 내가 더 지혜롭습니다! 그러니 내 말대로 해 주셔야 해요!"

지금껏 하나님께 이렇게 주장해 왔다는 것을 깨달은 것입니다. 내 마음이 하나님께 주권을 내어 드리고 싶지 않았던 것입니다. 주권이란 최종적인 결정을 내릴 수 있는 권리입니다. 절대적인 권리이지요. 나는 주인되신 하나님의 명령을 받는 존재에 불과합니다.

말씀에 기도에

하나님 앞에서는 형식적으로 순종하는 태도를 취하며 속으로는 하나님이 나를 위해 모든 것을 해 주셔야 한다는 생각을 품고 있었습니다. 가려진 나의 마음속에 주님의 권위에 불순종하는 태도와 실제적인 권위를 손에서 놓지 않으려는 이기심이 있었던 것입니다.

이것을 깨닫게 되면서 묵상과 기도가 변하기 시작했습니다. 말씀이 내 삶 속에서 실제적인 힘을 발휘하기 시작하자 신앙생활 전반에 변화가 일어나기 시작했습니다.

성경을 읽는 데 그치지 않고 말씀이 이해되고 깨달아졌습니다. 그냥 기도만 하는 게 아니라 기도하면서 주님이 주신 말씀에 담긴 명령을 이해하기 시작했습니다. 설교 시간에는 수동적으로 듣기만 했었는데 이제는 선포되는 말씀 안에서 나를 향한 하나님의 마음이 깊이 새겨지는 일이 일어난 것입니다.

그러자 매일 새벽에 자신과의 약속을 지키기 위해 애쓰는 것이 아니라 하나님의 마음을 알고 명령을 듣는 기쁨에 가득 차 능동적으로 움직이는 믿음이 생겼습니다. 그때부터는 아침에 묵상했던 말씀과 순간순간 떠오르는 마음의 욕심이 충돌해도 나의 것과 주님의 것이 분별되기 시작했고 그럼으로써 내 것을 버리고 주님의 말씀을 따라갈 수 있는 힘이 길러졌습니다. 오로지 '말씀과 기도'로 가능했던 변화입니다.

그리스도인은 하나님의 입에서 나오는 것, 즉 하나님의 숨과 생령과 거룩하신 말씀을 알아야 합니다. 그런데 말씀을 안다는 것은 주님이 나로 하여금 말씀을 깨닫게 하시며 생각나게 하고 인도해 주셔야 가능한 일입니다. 즉, 기도로써 성령님과 교통해야만 합니다. 이것이 바로 내가 깨달은 바입니다.

기도와 말씀으로 동행을 배웁니다

나는 점점 더 기도와 큐티에 몰입하게 되었습니다. 그날의 말씀을 붙들고 기도하다가 내 깊은 어둠이 드러나면 회개가 터졌고, 그렇게 회개를 하고 나면 마음이 깨끗해져서 말씀 속에서 나를 향한 주님의 뜻이 더욱 잘 분별되곤 했습니다.

주님이 주신 소망의 말씀을 붙들고 기도하다가 믿음의 행동지침들이 도전이 될 때면 주님의 명령을 수행하고자 하는 마음이 솟구쳤습니다. 그리고 그 일을 수행할 수 있도록 내게 없는 힘과 능력과 은사들을 구하는 기도를 능동적으로 하게 되었습니다. 이렇게 해서 기도가 차차 자리를 잡아 갔습니다.

기도와 말씀으로 엎치락뒤치락 씨름하며 성장하고 변화하는 과정을 통해 주님과 함께 길 가는 것이 무엇인지를 실제적으로 배울 수 있었습니다.

우리는 한길 가는 순례자들입니다. 나그네 된 이 여정에서 함께하는 기쁨이 말할 수 없이 큽니다.

"믿음은 좋은 습관으로부터 자라난다"는 말이 있습니다. 말씀을 묵상하고 기도하는 습관이 우리의 믿음을 한 뼘씩 자라게 할 것입니다.

세상이 알 수 없는 기쁨과 사랑과 평안의 비밀을 우리 함께 나눠 보지 않으시겠습니까?

2013년 8월

김현미 목사

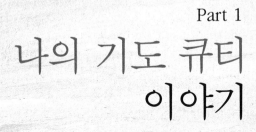

Part 1

나의 기도 큐티
이야기

믿음의 첫발을 떼다

이스라엘아 들으라 우리 하나님 여호와는 오직 유일한 여호와이시니 너는 마음을 다하고 뜻을 다하고 힘을 다하여 네 하나님 여호와를 사랑하라 오늘 내가 네게 명하는 이 말씀을 너는 마음에 새기고 네 자녀에게 부지런히 가르치며 집에 앉았을 때에든지 길을 갈 때에든지 누워 있을 때에든지 일어날 때에든지 이 말씀을 강론할 것이며 너는 또 그것을 네 손목에 매어 기호를 삼으며 네 미간에 붙여 표로 삼고 또 네 집 문설주와 바깥 문에 기록할지니라(신 6:4~9)

성경 말씀을 처음 접한 것은 중학교 때였습니다. 세상 책들과는 문체가 사뭇 다른 데다 등장인물들의 이름이 낯설기까지 해서 제대로 읽게 되기까지는 꽤 오랜 시간이 흘러야 했습니다.

신약성경의 첫머리인 마태복음 1장만 몇 번 정독했는데, 그나마도 낯선 이름의 족보가 지루하게 이어져서 끝까지 읽어 내려갈 수가 없었습니다. 내게 성경이란 참으로 이상하고 지루한 책이었습니다.

그러나 이제는 상황이 완전히 바뀌었습니다. 결혼식에서 받은 성경책은 내 평생 가장 소중한 책이 되었습니다. 주례를 맡아 주셨던 소망교회의 곽선희 목사님이 직접 맨 앞장에 글씨를 써서 선물해 주신 한중 관주 성경책이 보물 1호가 된 것입니다. 목사님이 써 주신 말씀은 이것입니다.

"사랑은 진리와 함께 기뻐합니다."

지금도 내 마음속 깊이 새겨져 있는 말씀입니다.

가랑비에 옷 젖듯이 말씀에 젖어 들다

친정아버지가 소천하신 지 얼마 안 되어 첫아이를 임신했습니다. 입덧이 심해서 한 달 가량 친정에서 지냈는데, 원래 책 읽기를 좋아하던 터라 이것저것 읽곤 했지만 특별히 태교를 위해 성경을 펼쳐 들었습니다. 다만 당시에는 읽어도 무슨 뜻인지 알 수 없었고, 그저 한번 읽어 봐야겠다는 생각뿐이었습니다.

　이후 시댁에서 1년 정도 살다가 인천에 의류 매장을 내게 되면서 이사했는데, 이제 갓 돌이 지난 아이를 맡길 곳이 딱히 없었습니다. 그래서 시어머니가 소개해 주신 유모 아주머니와 함께 살게 되었습니다.

　목사님을 아들로 두신 아주머니는 새벽마다 꼬박 한 시간 동안 기도한 후에야 청소와 빨래를 하고 아침 식사를 준비하시곤 했습니다. 또 우리 부부가 출근하고 나면 하루 종일 갓난아기에게 성경을 소리 내어 읽어 주셨습니다.

　한 달에 한 번 집에서 쉴 때면 아주머니가 들려주시는 재미있는 성경 이야기에 시간 가는 줄 몰랐습니다. 그렇게 차츰 믿음이 스며들더니 마침내 가까운 교회에 등록하고 주일 성수를 할 수 있게 되었습니다. 그 아주머니는 우리 가족을 믿음의 길로 이끌어 주신 고마운 분입니다.

말씀 읽기와 기도에 빠져들다

　당시 매장에는 손님이 그리 많지 않았고 손님이 들어와도 어색한 응대에 금방 발길을 돌리기 일쑤였기에 자리에 앉아 성경을 읽는 시간은 점점 늘어났습니다.

　아주머니는 하루에 세 장씩만 읽어도 1년에 한 번 성경을 통독

할 수 있다고 가르쳐 주셨습니다. 덕분에 가닥을 잡고 성경을 읽어 나가기는 했지만, 처음엔 그저 하루치를 채우는 데 급급할 따름이었습니다.

그러던 어느 날, 아는 집사님의 소개로 누군가에게 기도를 받게 되었는데, 그분이 성경 읽기에 대해서 조언을 해 주셨습니다.

"빨간 볼펜을 들고 성경을 읽어 내려가다가 마음에 다가오는 구절이 있으면 줄을 그으세요."

나는 그 말을 지나치지 않고 그대로 실천에 옮겼습니다. 하루에 세 장씩 성경을 읽어 가면서 빨간 볼펜을 들고 감동이 있는 곳마다 줄을 그었습니다.

또 한 번씩 통독을 끝낼 때면 목사님과 집사님들을 초청해서 책거리라는 명목으로 점심을 대접하곤 했습니다.

그렇게 꾸준히 성경을 읽은 지 3년이 지나면서부터 비로소 말씀이 깨달아지고 해석되기 시작했습니다. 미숙하나마 말씀을 붙들고 기도할 때마다 내 생각을 다스리는 구절이 떠오르고 격분하던 마음이 가라앉는 일을 경험했습니다.

시간이 갈수록 나는 성경 읽기와 기도하는 일에 점점 더 깊이 빠져들었습니다. 말씀 속에서 세상과는 너무나도 구별된 하나님의 나라를 보았기 때문입니다. 내가 아는 세상 이치와 다른 성경의 방법들을 보면서 내면에 충돌이 일어나기도 하고, 때로는 말

씀 속에서 발견하는 사랑과 지혜로 인해 탄성을 내지르며 기쁨
에 겨워하기도 했습니다.

기도와 큐티에
열중하다

네 하나님 여호와께서 이 사십 년 동안에 네게 광야 길을 걷게 하신 것을 기억하라 이는 너를 낮추시며 너를 시험하사 네 마음이 어떠한지 그 명령을 지키는지 지키지 않는지 알려 하심이라 너를 낮추시며 너를 주리게 하시며 또 너도 알지 못하며 네 조상들도 알지 못하던 만나를 네게 먹이신 것은 사람이 떡으로만 사는 것이 아니요 여호와의 입에서 나오는 모든 말씀으로 사는 줄을 네가 알게 하려 하심이니라(신 8:2~3)

나는 내가 읽은 성경 이야기를 주변 사람들에게도 들려주었습니다. 특히 몇몇 집사님들과 교인들이 내 이야기를 즐겨 듣곤 했습니다. 그분들은 나를 만나면 으레 이렇게 인사했습니다.

"오늘은 말씀을 어디까지 읽었어? 들려주는 이야기를 듣다 보면 궁금했던 내용이 해석되는 재미가 있어. 어서 얘기 좀 해봐."

얼마 지나지 않아 나는 중등부 교사가 되었습니다. 아이들에게 말씀을 이야기처럼 들려주는 것이 너무나도 기뻤습니다. 그래서 매주 토요일이 되기까지 벅찬 마음으로 성경을 읽고 또 읽으면서 얼마나 열심히 준비했는지 모릅니다.

말씀은 내 안의 어둠이 드러나게 하십니다

그렇지만 그때까지만 해도 성경 말씀을 그저 공부하는 것에 지나지 않았습니다. 더 많이 공부해서 성경 지식을 사람들에게 전해 줘야겠다는 생각이 앞섰습니다. 그러나 말씀이 내 삶 속에서 살아 움직이자, 성경 지식을 공부하듯 일깨워 주는 것이 전부가 아님을 깨닫게 되었습니다.

하나님이 인도하시는 생명의 길, 진리의 길에 대한 말씀은 성령이 아니고서는 깨달을 수도 이해할 수도 없는 이야기였던 것입니다.

자라면서 예수님의 말씀을 들어보지 못한 나로서는 세상적인 기준으로 높은 수준의 도덕성과 지성을 갖추기 위해서 부지런히 성경을 읽고 공부했습니다. 또한 교회에서도 경쟁이 치열한 세상에서처럼 배경이나 학벌이 좋은 사람, 사회 경험이 풍부하거나 교회의 법도를 잘 아는 사람들이 높은 자리를 차지하는 모습을 발견하기도 했습니다.

결혼해서 아이를 키우고 살림하며 생업까지 도맡아 하던 나는 소외감을 느낄 수밖에 없었습니다. 이런 나에게 주님은 작은 불씨 하나를 선물로 주셨습니다. 바로 기도입니다.

나아가야 할 방향을 찾게 되자 나는 더 이상 다른 것을 돌아보지 않고 한길만 보고 가기로 결단했습니다. 한 주 동안 예배란 예배는 모두 참석하고, 새벽기도를 드리며 매일 말씀을 묵상하는 습관을 들이기까지 무척 오랜 시간을 훈련했습니다.

짬짬이 교회에서 기도하고 섬기면서 교회 생활에도 점점 더 익숙해져 갔습니다. 감리교에는 '속회(屬會)'라는 조직이 있습니다. 장로교의 구역과 같은 개념인데, 나는 스물아홉 살에 집사 직분을 받고 서른 살부터는 임사를 맡게 되었습니다. '임사'란 소그룹에서 말씀을 전하는 직임입니다.

당시 소그룹에서 나눈 하나님 나라에 대한 이야기, 예수님과 성령님의 이야기가 그다지 깊이 있었다고 할 수는 없지만 시간이 가는 줄 모르고 대화하며 정직하게 마음을 나눈 덕분에 서로에게 많은 도전이 되었습니다.

그러면서 어떤 변화가 일어났는데, 내 안에 숨겨져 있던 어둠이 드러나는 것이었습니다. 처음에는 내 안의 어둠과 직면하는 것이 싫어서 그저 외면하려고만 했습니다. 그렇게 억누르다 보면 자연스럽게 사라질 것이라고 생각하고 매일 기도와 묵상에 몰두했습니다.

거룩하고 경건하게 살면 그 어둠이 물러나리라고 생각했습니다. 기도만 하면 주님이 나를 긍휼히 여기셔서 더욱 거룩하고 성결하게 만드시며 주님의 영을 더욱 깊이 내려 주실 것이라고 생각했습니다.

그러나 아무리 몸부림 쳐도 어둠 가운데서 보이는 것은 오직 나 자신밖에 없었습니다. 어느새 하나님이 나만을 위해 존재하신다는 속임수에 빠졌습니다. 내 마음의 법을 정하면 주님이 그대로 수행해 주실 것이라고 믿었습니다. 어둠은 '죄'가 해결되지 않는 한 언제까지고 남아 있음을 몰랐던 것입니다.

이기와 정욕에 물든 나의 죄성이 공격적으로 드러나 성령님의 인도하심을 거역하고 반항하게 만든다는 것을 알아차린 때는 꽤 오랜 시간이 흐른 뒤였습니다. 그 사이 나는 스스로의 상태를 모르는 채로 부지런히 묵상하고 기도하며 준비해서 소그룹에서 말씀을 나누었습니다.

돌이켜 보면 그때 함께 소그룹 활동을 했던 분들이 고맙기 그

지없습니다. 나보다 믿음의 연수가 훨씬 더 많은 모태 신앙인들이었는데도, 매번 내가 하는 이야기를 잘 들어주셨으니까요. 무식하면 용감하다는 말이 꼭 들어맞는 경험이었습니다.

그렇지만 나는 이조차도 주님이 허락하신 일이라고 생각합니다. 다만 그 경험을 통해서 배운 것이 있습니다. 소그룹은 신앙의 연륜이 있고 인격적이며 사랑이 풍성한 사람이 인도해야 한다는 것과 소그룹에서는 한 사람 한 사람의 영향력이 매우 크게 전달되므로 각자의 준비가 필요하다는 것을 깨달았습니다.

드러난 어둠과
정면 대결하다

우리가 그에게서 듣고 너희에게 전하는 소식은 이것이니 곧 하나님은 빛이시라 그에게는 어둠이 조금도 없으시다는 것이니라 만일 우리가 하나님과 사귐이 있다 하고 어둠에 행하면 거짓말을 하고 진리를 행하지 아니함이거니와 그가 빛 가운데 계신 것 같이 우리도 빛 가운데 행하면 우리가 서로 사귐이 있고 그 아들 예수의 피가 우리를 모든 죄에서 깨끗하게 하실 것이요 만일 우리가 죄가 없다고 말하면 스스로 속이고 또 진리가 우리 속에 있지 아니할 것이요 만일 우리가 우리 죄를 자백하면 그는 미쁘시고 의로우사 우리 죄를 사하시며 우리를 모든 불의에서 깨끗하게 하실 것

이요 만일 우리가 범죄하지 아니하였다 하면 하나님을 거짓말하는

이로 만드는 것이니 또한 그의 말씀이 우리 속에 있지 아니하니라

(요일 1:5~10)

빛 되신 말씀이 내 안의 어둠을 드러내어 주셨습니다. 믿음만

가지고는 해결되지 않는 부분이 있었습니다. 하나님이 살아계시

며 내가 구원을 받았다는 사실은 비교적 쉽게 믿어지는데, 하나

님이 예수 그리스도의 십자가를 통해서 나를 어떻게 사랑하셨는

가에 대해서는 너무나 무지했습니다.

이 때문에 항상 두 마음이 충돌을 일으켰습니다. 교회에 열심

히 출석하고, 예배드리고, 기도하면 은혜가 저절로 부어질 것이

라는 마음과, 반대로 조금만 게을리 해도 죄 때문에 하나님이 나

의 소중한 것들을 빼앗아 갈 것이라는 마음이 늘 부딪혔습니다.

사실 두 마음 모두 하나님을 제대로 알지 못하는 무지에서 비

롯된 것들이었습니다. 열심만으로는 갈등이 해결되지 않았습니

다. 아무리 기도하고 성경 말씀을 읽고 설교를 들어도 주님 앞에

욕심과 이기심을 내려놓지 않는 한 자유함은 없습니다.

종교 생활과 신앙생활은 완전히 다릅니다

어둠 속에 있을 때면 모든 에너지가 나 자신에게만 집중되었

습니다. 그럴 때면 나를 위한 일들만 하고 싶어지고 나의 일을 이루기 위해 서슴없이 하나님을 이용하려고까지 들었습니다.

겉으로는 거룩과 경건의 모습을 보이면서 속으로는 내 겉모습에 하나님이 감동하시리라고 생각했습니다. 내 자신의 거짓된 모습에 대해서는 돌아보지도 못한 채 말입니다.

미워하는 마음이 있어도 기도하고 나면 선해졌다는 착각에 빠졌습니다. 그리고 늘 기도하고 있기 때문에 하나님이 언제나 내 편이 되어 주실 것이라고 믿었습니다.

하지만 이런 믿음으로는 기도 응답을 받기가 어렵습니다.

"주님! 우리 가족이 살 만한 넉넉한 집이 필요합니다."

"내 주위 사람들을 변화시켜 주세요."

"내 아이가 잘 자랄 수 있는 여건이 필요합니다."

"내 앞길은 열어 주셔야지요."

"주님의 예비하신 축복이 있어야 합니다. 주님! 주님!"

우상 숭배나 다름없이 하나님을 내 소원이나 들어주는 요술 방망이쯤으로 여기고 정작 주님에 대해서는 궁금해 하지도 않았던 것입니다.

사람은 쉽게 변하지 않는 것 같습니다. 좋은 마음을 품을 수 있을지언정 예수님의 마음을 갖기란 어려운 것이지요.

조금은 손해 보고 미움받고 억울하고 외롭고 결핍이 있는 삶을 감사하기까지 하나님이 다루심을 깨달아 가는 것이 인생인 듯합니다.

말씀을 읽기는 쉬우나 성령님의 도움 없이 말씀을 깨달을 수는 없습니다. 기도할 때 마음이 내 소리로 가득 차 있다면 성령님의 소리가 들리지 않습니다. 주님께 중요한 자리를 내어 드리지 못했기 때문이지요.

결국 관건은 나 자신과의 싸움이었습니다. 스스로 올라앉았던 주인의 자리에서 내려와 자원하는 마음으로 기쁘게 주님께 자리를 내어 드리도록 주님은 기다리며 도와주셨습니다.

종교 생활과 신앙생활은 완전히 다릅니다. 형식적으로 질서 있게 생활하는 것만으로도 외형적으로는 그럴 듯하게 보일 수 있습니다. 그러나 믿음으로 하나님의 말씀에 순종하는 삶은 겉으로 드러나는 게 아니었습니다. 철저하게 자신을 쳐서 복종시키는 굳건한 의지와 결단이 필요한 일이었습니다. 말씀을 읽고 기도하며 성령님의 도우심을 받아야만 비로소 제대로 된 신앙생활을 이루어 갈 수 있는 것입니다.

이 과정에서 나의 모든 가치관과 지식과 경험을 버리는 일도 어려웠지만 무엇보다도 성령님의 인도하심을 어떻게 받을 수 있는지가 가장 모호했습니다.

그저 내가 할 수 있는 최선은 매일 성경을 읽고 마음을 쏟아 기도하는 것뿐이었습니다. 그 위에 무엇이 어떻게 얹어졌는지는 너무도 서서히 일어난 일이라 당시에도 몰랐지만 지금도 헤아릴 수가 없음을 솔직히 고백합니다.

기도와 큐티에도
약점이 있다

서기관들과 바리새인들이 모세의 자리에 앉았으니 그러므로 무엇이든지 그들이 말하는 바는 행하고 지키되 그들이 하는 행위는 본받지 말라 그들은 말만 하고 행하지 아니하며 또 무거운 짐을 묶어 사람의 어깨에 지우되 자기는 이것을 한 손가락으로도 움직이려 하지 아니하며 그들의 모든 행위를 사람에게 보이고자 하나니 곧 그 경문 띠를 넓게 하며 옷술을 길게 하고 잔치의 윗자리와 회당의 높은 자리와 시장에서 문안 받는 것과 사람에게 랍비라 칭함을 받는 것을 좋아하느니라 그러나 너희는 랍비라 칭함을 받지 말라 너희 선생은 하나요 너희는 다 형제니라 땅에 있는 자를 아

버지라 하지 말라 너희의 아버지는 한 분이시니 곧 하늘에 계신 이

시니라 또한 지도자라 칭함을 받지 말라 너희의 지도자는 한 분이

시니 곧 그리스도시니라 너희 중에 큰 자는 너희를 섬기는 자가 되

어야 하리라 누구든지 자기를 높이는 자는 낮아지고 누구든지 자기

를 낮추는 자는 높아지리라(마 23:2~12)

매일의 큐티가 기도와 연결되고 일상에 이어지기까지는 적지

않은 어려움이 뒤따랐습니다. 과도기에는 이런저런 실수들을 저

지르기 마련입니다. 나 역시 한때 말씀 읽기에 심취해서 기도를

소홀히 한 적이 있습니다.

새벽기도를 가면 그날의 묵상을 풀어 주시는 목사님의 설교에

은혜를 받고 소망과 도전을 품게 되었지만, 막상 은혜의 말씀은

앞뒤가 제대로 연결 되지 못한 채 단편적으로 기억 속에 머물렀

습니다.

이렇듯 기억하는 말씀이 단 한 문장이거나 내 마음에 맞는 구

절 일색이었기 때문에 자의적으로 해석할 때가 많았고, 내게 유

익이 되는 방향으로 받아들이는 일도 허다했습니다. 무엇보다도

말씀에 집중하면서 기도를 경시하기 시작한 것이 가장 큰 잘못

이었습니다.

공동체는 균형을 잡아 주는 거울이 됩니다

신앙에서 형식이 중요해지면 경건의 시간으로 영성을 점수 매기게 됩니다. 말하자면 깊은 영적인 체험이 없으니까 외적인 경건의 삶, 즉 기도 시간이나 말씀을 읽은 분량 또는 구제와 봉사의 모양과 시간을 따져서 만족하려고 하는 것입니다.

내게도 어김없이 이 부분이 시험으로 다가왔습니다. 이런 경험은 누구에게나 있을 것입니다. 물론 얼마나 지혜롭게 속히 전환하는가에 따라서 해결되는 시간이 다르겠지요.

기도도 마찬가지입니다. 개인기도와 묵상이 자칫하면 자신에게만 집중하고 자기가 추구하는 것들에만 집착케 하는 수단이 되고 맙니다. 내 기도의 응답을 받는 데 급급해서 다른 사람을 위한 기도는 안중에도 없고 배려와 관심의 무게중심을 잃게 되는 것입니다.

이런 점을 보완해서 새롭게 시작한 것이 바로 '기도 큐티 공동체'입니다. 본래 이것은 교회의 사역을 위한 기도 공동체로서 기도 제목을 나누고 중보기도하는 모임이었습니다.

그런데 모이다 보니 예상과는 다른 일들이 벌어졌습니다. 사건 사고가 끊이지 않고 일어났습니다. 이유가 뭘까 하고 고심할 수밖에 없었지요. 모두가 기도와 말씀에 집중하는 경건의 삶을 살고 있는데 왜 우리 안에서 문제들이 끊임없이 일어나는지 도저히 이해할 수가 없었습니다.

그 당시 우리는 배려하는 문화와 예절로써 서로를 존중한다고 믿었던 것 같습니다. 그러나 묵상을 나누고 함께 기도하면 할수록 우리의 깊은 속마음과 이기심이 드러났습니다. 서로 부딪히며 각자 자기 자신을 얼마나 위하는지 알게 되었습니다. 스스로에게 집중된 에너지를 다른 지체들에겐 쓰고 싶어 하지 않는 이기적인 모습을 발견하게 된 것입니다.

이 기도 큐티 공동체가 모인 지도 근 15년이 되어 갑니다. 지금은 우리 공동체도 여느 공동체와 다르지 않다는 것을 시인합니다. 주님 앞에서 옛사람의 이기심과 정욕을 버리지 않으면, 주님이 주신 말씀과 기도로 서로를 비판하고 정죄하는 못난 인간이 된다는 사실을 깨달은 것입니다.

바리새인과 서기관들이 그랬듯이 자신의 지식과 경험, 상식과 전통을 기준으로 그보다 못한 사람들을 믿음 없는 자로 낙인찍고, 자기가 내세운 신앙의 법대로 심판자가 되는 것은 바람직하지 못함을 배웠습니다. 그렇게 세상의 법도를 뛰어넘는 주님의 사랑의 도를 차츰 알아가기 시작했습니다. 공동체 안에서 서로의 모습을 바라보며 자신을 점검하면서 균형을 이뤄 나가게 된 것입니다.

홀로 하는 기도와 묵상이 꼭 필요한 것은 물론이지만, 개인기도와 묵상으로 받은 은혜를 공동체에서 나누고 서로 도전받아야 하나님을 더욱 깊이 알아 갈 수 있음도 인정하고 귀히 여겨야 합니다.

형식적이고 기계적인 기도와 큐티는 매너리즘에 빠지게 만듭니다. 이때 공동체는 이런 상태를 오래 놔두지 않고 서로 도전을 주고받으며 생동감 넘치는 하나님의 역사를 경험하도록 이끌어 주는 통로가 될 수 있습니다.

성령님이 계시는 곳에는 자유함이 있습니다. 우리의 기도를 변화시켜 가시는 성령님의 도우심이 공동체 가운데 활발히 작용할 때 우리는 서로가 서로를 긍휼히 여기는 사람들이 되어 갑니다.

성령께서 균형을 잡아 주십니다

흔히 초이성적인 것을 추구하는 사람들은 기도를, 이성적인 활동을 추구하는 사람들은 성경 말씀을 연구한다고 생각합니다. 과연 그럴까요?

"이성이란 원래 하나님의 것인데 우리에게 선물로 주셨다."

언젠가 이재철 목사님이 설교에서 하신 말씀입니다. 성경이 없던 시절에는 꿈으로 환상으로 하나님의 뜻을 계시하셨지만, 성경이 쓰이고 나서는 거기에 하나님의 뜻을 너무나도 분명하게 계시하셨기 때문에 이제 꿈이나 환상이 반드시 필요한 것은 아니라는 뜻입니다.

그리고 "말씀을 읽고 기도할 때 초이성적인 것들을 깨닫게 하시려고 하나님은 우리에게 이성을 선물로 주셨다"고도 하셨습니다. 또한 바울이 '영적'이라고 말한 단어는 헬라어로 '이성적'이라는 단어와 뜻을 같이한다는 것도 알려 주셨습니다.

목사님의 설교를 듣는 내내 마음에서 적극적인 동의가 일어났습니다. 성령님이 내주하시는 표는 말씀을 읽을 때, 들을 때, 말씀을 붙들고 기도할 때 내가 생각할 수 없는 것들을 생각하고 이해하며 용기를 내어 순종하고자 하는 의지와 결단이 일어나는 것으로 드러납니다.

하나님이 초이성적인 것들을 알게 해 주시고, 그리스도를 나타내시는 성령님의 도우심이 있기에 이 모든 일이 가능해집니다.

성령님은 말씀을 통해서 예수님을 경험할 수 있도록 해 주셨으며 말씀을 이해시키고, 깨닫게 해 주셨습니다. 뿐만 아니라 힘을 얻고 승리하게도 하셨습니다. 성경 인물들에게서 지혜를 배우게 하셨으며, 하나님을 배반하거나 악한 일을 행하는 사람들을 반면교사(反面敎師)로 사용하기도 하셨습니다.

기도와 큐티의 균형에 대해서도 생각해 보도록 이끄셨습니다. 말씀을 공부하고 지식을 쌓아 보기도 했고, 기도에 집중해서 신비한 영적 세계에 심취해 보기도 했습니다. 그리고 이 모든 과정

끝에 찾아온 것은 어느 한쪽에만 치우치면 믿음의 균형을 잃고 치명적인 오류를 겪을 수도 있다는 위기의식이었습니다. 기도와 큐티에도 균형이 필요함을 절실히 깨달은 것입니다.

기도와 큐티란
무엇인가

복 있는 사람은 악인들의 꾀를 따르지 아니하며 죄인들의 길에 서지 아니하며 오만한 자들의 자리에 앉지 아니하고 오직 여호와의 율법을 즐거워하여 그의 율법을 주야로 묵상하는도다 그는 시냇가에 심은 나무가 철을 따라 열매를 맺으며 그 잎사귀가 마르지 아니함 같으니 그가 하는 모든 일이 다 형통하리로다 악인들은 그렇지 아니함이여 오직 바람에 나는 겨와 같도다 그러므로 악인들은 심판을 견디지 못하며 죄인들이 의인들의 모임에 들지 못하리로다 무릇 의인들의 길은 여호와께서 인정하시나 악인들의 길은 망하리로다(시 1:1~6)

말씀을 읽을 때 줄을 치는 것 외에 나는 기록하는 습관을 들이기 시작했습니다. 말씀을 읽다가 문득 떠오르는 생각이나 질문을 그저 지나치지 않고 꼼꼼히 적는 것입니다. 이렇듯 때마다 주시는 새로운 지혜나 의문들을 기록하기 시작하면서부터 말씀에 집중하는 시간도 점점 늘어났습니다.

나의 기도와 큐티로 주님의 생각을 제한할 수는 없습니다

어떤 말씀을 읽든지 나는 다음 두 가지를 꼭 적곤 합니다.

'하나님은 나를 어떻게 인도하실까?'

'주님은 지금 내 모습을 보시고 뭐라고 말씀하실까?'

이성을 통해서는 내가 받은 교육과 환경이 만들어 낸 수준만큼만 이해할 수 있습니다. 나는 영적으로 무지한 사람이었습니다. 하나님이 어떤 분이신지 몰랐습니다. 그래서 그분의 사랑의 깊이가 어떠한지, 진리와 생명의 길이 어디에 있는지, 하나님이 왜 나를 만드셨는지, 나에게 어떤 목적을 갖고 계시는지에 대해서 궁금해 하지도 않았습니다.

그러다가 깊은 고민과 낙심에 빠질 때마다 성경 속에서 내 마음을 두들기는 말씀을 발견하게 되었습니다. 현실적인 고민이나 관심사에 관해 마음속에서 '쿵' 하며 깨달음이 오는 일을 경험하게 된 것입니다.

말씀은 내 안의 어둠을 비춰 주는 등불이 되었습니다. 하나님은 내 지식과 경험, 상식과 상황을 뛰어넘는 그 이상의 것들을 말씀의 계시로써 알게 하셨습니다.

이전에 마음의 법으로 판단하고 정죄했던 이유는 주님의 사랑과 은혜를 경험하지 못했기 때문이었습니다. 내가 가진 지식과 상식의 한계, 전통에 매인 생각, 그리고 오직 경험에만 의지하는 작은 믿음으로는 주님의 사랑의 깊이와 넓이를 담아 낼 수 없었던 것입니다.

말씀은 내게 도전과 소망을 주었습니다. 하나님의 나라에 대한 비전이 생기면서부터 비로소 나는 내가 누구인지, 나를 향한 하나님의 뜻이 무엇인지, 앞으로 무엇을 하며 어떻게 살아가야 하는지를 배워 가기 시작했습니다.

말씀이 내 안의 생각들을 비춰 주실 때는 잘못을 구체적으로 인정하고 회개하게 되었습니다.

피곤하여 낙심할 때에는 힘과 능력을 주셔서 주님의 말씀에 순종하고 따라갈 수 있도록 도우셨습니다.

기도와 큐티는 해내야 하는 숙제가 결코 아닙니다. 그것은 삶의 유일한 생명 줄이자 주님과 동행할 수 있는 풍성한 은혜의 기회입니다.

자기중심적 기도와 큐티에서 벗어나야 합니다

창세기를 통한 기도 큐티는 말 그대로 하나의 도전이었습니다. 창세기는 이야기체로 구성되어 있어서 읽기는 쉽지만 막상 그 뜻을 이해하는 데는 시간이 오래 걸렸습니다. 고백하건대 '주권'의 의미조차 제대로 이해하지 못한 상태로는 깊은 기도에 들어갈 수가 없었습니다.

에덴동산의 인간과 하나님은 서로 겨룰 상대가 아니었습니다. 어디까지나 창조주와 피조물의 관계이니까요. 그런데 감히 인간이 하나님의 주권을 넘본 것입니다. 자격 없는 인간이 주도권을 두고서 하나님과 겨루려 들었습니다. 이로써 아담과 하와는 인류 전체의 불행을 자초하며 질타의 대상이 되었지요.

그런데 과연 내가 그 자리에 있었다면 어떤 선택을 했을까요? 아마도 그 결과는 동일하지 않았을까요? 이 사실을 인정하기까지 나 또한 하나님의 주권을 탐해 왔음을 고백하지 않을 수 없습니다.

우리 각자의 삶이 다르기에 분문의 메시지를 통해 주님이 각 인생을 다스리시는 방식도 다르리라 생각합니다. 정해진 답이란 없는 것이지요. 다만 이 자리에서는 소박한 마음으로 창세기 기도 큐티를 통해 하나님과 만난 이야기를 진솔하게 나누려고 합니다.

그날의 말씀을 붙들고 기도하다가 회개하며 깨달은 은혜를 나누고 싶습니다.

말씀을 붙들고 기도하는 21일 기도 큐티를 통해 기계적이고 형식적인 큐티와 기도의 습관에서 탈피하여 역동적인 삶의 변화를 경험하게 되기를 바랍니다.

"주님이 옳으십니다!"라는 고백이 믿음으로 자리하면 성경 말씀을 통해서 우리에게 전하시는 메시지를 분별하기가 쉬워집니다. 그러면 주가 주시는 사랑과 용서, 평안과 기쁨의 방식에 순종하며 구별된 삶을 살아갈 수 있게 될 것입니다.

Part 2

말씀을 붙들고
기도하라

창세기 기도 큐티 21일

1일

창1장

인간, 태어나자마자
안식을 선물로 받다

말씀애 🔥

> 태초에 하나님이 천지를 창조하시니라 땅이 혼돈하고 공허하며
> 흑암이 깊음 위에 있고 하나님의 영은 수면 위에 운행하시니라(창
> 1:1~2)

성경을 펴는 순간부터 하나님과의 충돌이 시작되었습니다. 맨
첫 장부터 너무나도 생소한 이야기를 들려주었기 때문입니다.
하나님의 창조 역사가 나 자신과 연결되기까지는 꽤 오랜 시간
이 걸렸습니다.

그러고 보면 "하나님이 나를 위해 존재하신다"는 말을 오해하
며 살아왔던 것 같습니다. 나를 위해 예비하신 좋은 일들이 대체
언제쯤이나 일어날지 오랫동안 기다렸습니다. 기다림이 지루해

도 '나를 위해 존재하는 하나님'이 계시니 결국 모든 것이 내 생각대로 잘될 것이라고 믿었습니다. 하지만 끝내 나를 만족시키거나 내게 유익이 되는 일은 일어나지 않았습니다.

살아 보니 사람이란 진리를 벗어난 생각들로 가득 차 있어서 제힘으로는 살 길을 찾을 수 없는 존재이더군요. 이 사실을 미리 알았더라면 얼마나 좋았을까요?

특히 창세기 1장은 삶과 인간에 대한 많은 의문들을 해결해 주었습니다. 덕분에 하나님이 인간을 왜 만드셨으며, 인간을 통해서 무엇을 하고 싶으셨는지를 가늠할 수 있었습니다.

그러면서 한 가지 깨달은 것은 바로 나 자신이 공허하고 혼돈한 흑암의 실체라는 것이었습니다. 폐허같은 내면을 꽁꽁 숨긴 채 겉모습만 하나님의 형상을 좇던 허상뿐인 자신을 깨닫고 나니 하나님을 더욱 알고 싶어졌고, 하나님을 온전히 닮고 싶다는 소망이 생겼습니다.

심장을 찌르는 말씀이 혼돈을 해결합니다

하나님과의 친밀한 교제는 하루아침에 이루어지지 않았습니다. 오랜 시간이 걸린 만큼 내 마음에도 크고 작은 상흔들이 남았습니다. 하나님의 주권적인 역사를 인정하기까지 자기중심적인 생각들이 멈추지 않았고, 일이 생각대로 풀리지 않으면 하나님께 탄원기도를 드리곤 했습니다. 정말이지 호르 산에서 출발하여 홍해 길을 따라 에돔 땅을 우회하려 했다가 길로 말미암아 마음이 상했던 이스라엘 백성(민 21:4)과 다를 바가 없었습니다.

성경을 읽는 것만으로는 하나님의 마음을 알기가 어려웠습니다. 그러나 고난과 고통의 날들을 지나면서 기도를 통해 성령의 임재를 경험하고 예수 그리스도에 대한 이해가 깊어지면서, 비로소 하나님의 마음을 조금씩 알아가게 되었습니다.

이 과정에서 그날그날의 묵상과 기도가 얼마나 큰 도움을 주었는지 모릅니다. 말씀이 말씀을 이해시켜 주었고, 날마다 말씀에서 도전을 받았습니다. 말씀이 다가와 깨달아질 때면 하나님이 내게 직접 속삭이시는 것 같은 감동이 밀려왔습니다.

태초에 하나님이 천지를 창조하시던 첫째 날, 빛이 만들어졌습니다. 낮과 밤이 정해진 것입니다. 둘째 날에는 궁창이 생겼습니다. 물 가운데 궁창을 두어 궁창 아래의 물과 궁창 위의 물로 나뉘게 하셨습니다. 셋째 날에는 육지와 바다가 만들어졌습니다. 하나님은 셋째 날까지 '말씀'으로 나누고 모으는 일을 통해 혼돈의 세계에 질서를 세우셨습니다.

바로 이 "하나님이 말씀으로"라는 구절이 제 심장을 깊숙이 찔렀던 것입니다.

생각의 혼돈, 감정의 혼돈, 이성의 혼돈…. 살면서 겪게 되는 인간사의 혼돈은 하나님께서 축복으로 채워 주실 공간을 흐트러 뜨립니다. 그래서 하나님은 무엇보다도 먼저 혼돈부터 해결하십니다. 말씀으로 질서를 세워 축복을 채울 수 있는 공간을 마련해 주십니다. 마치 천지창조가 땅의 혼돈을 해결하는 데서부터 시작되었듯이 말입니다.

말씀에 따르는 순종은 내 안의 혼돈을 정리하고 하나님의 축복을 채울 공간을 마련해 주었습니다. 혼돈스러웠던 내면에 하나님의 말씀이 질서를 세우면서부터 주님을 주님의 자리에 모시는 법을 배울 수 있었습니다.

제자리를 찾아야 안식할 수 있습니다

창조의 넷째 날부터는 만들고 채우는 일을 통해 땅의 공허를 해결하셨습니다. 그리고 마지막 여섯째 날에는 하나님의 권세를 위임하여 땅을 경작하고 충만하게 할 인간을 만드셨습니다.

하나님이 자기 형상 곧 하나님의 형상대로 사람을 창조하시되 남자와 여자를 창조하시고 하나님이 그들에게 복을 주시며 하나님이 그들에게 이르시되 생육하고 번성하여 땅에 충만하라, 땅을 정복하라, 바다의 물고기와 하늘의 새와 땅에 움직이는 모든 생물을 다스리라 하시니라(창 1:27~28)

하나님은 생육하고 번성하는 모든 생물을 다스릴 권세를 인간에게 위임해 주셨습니다. 뿐만 아니라 생물들의 이름을 지을 수 있는 지혜와 자유의지도 주셨습니다. 하나님을 배반할 위험이 깃든 자유의지입니다. 그런데도 하나님은 인간에게 만물을 다스릴 권세를 기꺼이 위임하심으로써 인간이 하나님의 마음으로 피조 세계를 다스리는 꿈을 꾸셨습니다.

하나님은 지으신 모든 것을 보고 "보시기에 심히 좋았더라"(창 1:31)라고 말씀하며 만족하셨습니다. 의도한 대로 모든 것이 제자리에 있는 상태, 즉 '샬롬(shalom)'이 있었기 때문입니다. 샬롬이란 하나님과 피조 세계가 좋은 관계에 있는 모양새를 가리킵니다.

"제자리!"

만약 에덴동산에서 인간이 제자리를 잘 지켰더라면 하나님과 영원히 행복했을 테지요. '제자리'는 우리에게 평안을 줍니다. 엄마에게는 엄마의 자리, 아빠에게는 아빠의 자리, 자녀들에게는 부모를 공경하는 자리가 제자리입니다. 자신이 있어야 할 자리에 있을 때 진정한 평안이 임하는 법입니다.

하나님은 엿새 동안 천지 만물을 다 이루시고 나서 안식하셨습니다.

하나님이 그 일곱째 날을 복되게 하사 거룩하게 하셨으니 이는 하나님이 그 창조하시며 만드시던 모든 일을 마치시고 그 날에 안식하셨음이니라(창 2:3)

창조된 인간은 나자마자 안식부터 얻었습니다. 모든 것이 제자리에 있는 상태, 그것이 최고의 안식임을 존재와 동시에 가장 먼저 체험케 하신 것입니다.

그러므로 우리의 안식은 성실한 자세로 제자리를 지킴으로써 거룩하신 하나님의 마음과 인격을 닮아 가는 과정에서 찾을 수 있습니다. 안식일을 거룩하게 지켜야 한다는 말씀에서도 인간의 존재 목적이 일에 있지 않고 안식에 있음을 알아차릴 수 있지요. 하나님과의 교제가 없는 노동은 무의미할 뿐이니까요.

하나님은 인간을 예배하는 자로 세우셨고, 만물이 바로 이 예배하는 자로 인하여 복받기를 원하셨습니다. "생육하고 번성하여 땅에 충만하라, 땅을 정복하라, 바다의 물고기와 하늘의 새와 땅에 움직이는 모든 생물을 다스리라"(창 1:28)라는 축복은 하나님과 올바른 관계에 있을 때만 감당할 수 있는 축복입니다. 인간은 하나님과의 교제에서 힘과 능력을 얻고 충만해진 다음에야 피조 세계를 다스릴 수 있다는 뜻입니다. 그런 이유로 하나님은 인간에게 안식을 가장 먼저 주셨던 것인지도 모릅니다.

하지만 인간은 제자리를 벗어나고 말았습니다. 죄를 지음으로써 제자리로 돌아가는 길마저 잃어버렸습니다. 이로써 주안의 제자리에서 누리던 안식의 기쁨도 자연히 상실하고 말았습니다.

기도와 묵상, 이보다 더 큰 복이 어디 있을까요

전에는 그저 착한 마음으로 살면 하나님을 닮을 수 있는 줄 알았습니다. 그런데 아무리 착하게 살아도 하나님을 배반하는 죄가 끊어지지 않았습니다. 하나님보다 내가 더 옳다고 생각할 때가 많았고, 내 생각과 내 지혜로 살다가 조금이라도 피해를 볼 것 같으면 만사를 하나님 탓으로 돌리며 기도로 조목조목 따지곤 했습니다. 그것도 아주 점잖은 말투로 막힘없이 유창하게 말입니다. 이 모든 것이 하나님을 배반하는 언행인지도 몰랐습니다. 내면의 공허와 허무를 깨닫지 못한 탓에 눈이 어두워졌던 것입니다.

이런 나를 주님이 강한 오른손으로 붙잡고 인도해 주셨습니다. 구주에 대하여 아무것도 모르던 내게 하나님의 창조 계획과 섭리를 가르쳐 주셨습니다.

내 안에서 끝없이 쏟아 내는 "왜?"라는 질문에 주님은 하나하나 답해 주셨습니다. 그러는 사이 내면의 혼돈이 잦아들었고, 기도와 묵상 그리고 설교 말씀과 성경 공부를 통해 생각이 정리되며 질서가 잡히기 시작했습니다.

그러자 기도와 묵상이야말로 하나님의 은혜를 받는 최고의 수단이라는 깨달음이 왔습니다. 이보다 더 큰 복이 어디 있을까요?

오늘, 나는 이전보다 더욱 깊은 내면에서 말씀을 대면합니다.

지금까지 살아오는 데 오직 은혜가 있었음을 회상하며 주께 감사드립니다.

기도애 愛

하나님의 말씀대로 되지 않은 것이 하나도 없음을 고백합니다. 새롭게 출발할 수 있는 전환점을 늘 허락하심에 감사합니다. 과거의 혼돈에서 벗어나 새 창조의 역사를 기대하는 마음으로 오늘, 묵상을 시작합니다.

나의 일상은 세상이 주는 불안과 두려움으로 가득합니다. 매일의 삶에서 일어나는 자기중심적인 일들을 회개하고 주의 평안 속으로 돌이키기를 기도합니다. 묵상하고 기도하는 것은 주님의 생명력을 얻기 위함입니다. 하나님께서 원래 의도하셨던 제자리로 가기 위함입니다.

나를 창조하고 구원해 주신 하나님!

세상이 주는 피곤함을 이길 수 있도록 새 힘을 주소서. 주님이 말씀으로 약속하셨던 모든 것들에 믿음으로 반응할 수 있도록 하나님을 알아가게 하소서. 주님이 주시는 새로운 기름부으심으로 내 삶에 재창조의 역사가 있게 하시고, 하나님의 목적대로 생육하고 번성하여 땅에 충만하게 되며 모든 생물을 다스리는 역사가 있게 하소서. 주님을 믿음으로 말미암아 달려가도 곤비하지 않고 걸어가도 피곤하지 않는 진정한 안식을, 주님과의 깊은 만남을 매일의 삶 속에서 경험하게 하소서!

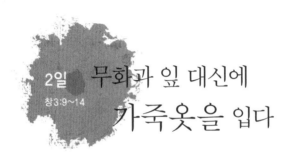

2일 무화과 잎 대신에 가죽옷을 입다
창 3:9~14

말씀애 <3

> 여호와 하나님이 아담과 그의 아내를 위하여 가죽옷을 지어 입히시
> 니라(창 3:21)

아담과 하와는 타락함으로써 이 세상 만물을 만드신 분이 누구인가를 아는 영혼의 건전함, 즉 진리에 대한 지식과 우리에게 주신 본성의 의로움과 하나님을 닮은 거룩성을 잃어버렸습니다. 하나님의 주권 영역을 침범함으로써 창조의 목적을 상실했습니다. 즉, 생육하고 번성하고 충만하고 정복하고 다스리는 일들에 대해서는 관심도 없어진 것입니다.

하나님이 아담에게 "너의 주인이 누구냐?" 하고 물으셨지만 이미 죄에 빠진 아담과 하와는 정체성의 혼란을 겪는 가운데 주의 시선을 피하여 어둠속으로 숨어들었습니다.

하나님의 음성은 세상과 다릅니다

인간의 겉모습은 여전히 하나님의 형상을 꼭 닮았지만, 세상을 보는 분별력은 엉망이 되어 버렸습니다. 그래서 훗날 인간은 눈앞의 예수님을 알아보지 못했는지도 모릅니다.

주께로부터 받은 정체성이 깨어지자 인본주의적 양심이 빈자리를 차지했습니다. 하나님께 묻는 법이 없는 사람 중심의 양심이 종교처럼 남은 것입니다.

깨어진 영혼은 다른 주인을 닮기 시작했습니다. 이기적이고 공격적이며 정욕으로 가득 찬 거짓의 아비 마귀를 닮은, 불 같은 부정적 에너지를 분출하는 인간이 되어 버렸습니다. 버려진 자녀, 스스로 유기된 자녀가 되었습니다. 타락한 인간은 창조주를 찾을 길을 영영 잃어버리는 듯했습니다.

죄로 인해 하나님과 분리된 인간의 언어로는 모든 피조물들을 다스리지 못하게 되었습니다. 따라서 생육하고 번성하여 땅에 충만하며 땅을 정복하여 다스리라는 명령을 더 이상 지킬 수 없게 되었습니다. 인간과 피조물의 관계가 깨어졌기 때문입니다.

만물 가운데 충만하여 피조 세계를 유지하시는 성령 하나님이 진리의 지식을 알게 하셨기에, 태초의 인간은 선악을 아는 지식이 오직 하나님께만 있다는 것을 알고 있었습니다. 그런데 죄로 인하여 성령이 인간에게서 거두어지자, 인간은 교만해져서 만사가 자신의 힘으로 이루어진 것이라고 믿고 싶어졌습니다.

세상은 자기 자신을 중심에 두고 살아가라고 가르칩니다. 그렇게 살아야만 똑똑하다는 소리를 들을 수 있습니다. 세상이 말하는 힘은 물질, 명예, 성공 그리고 권력입니다. 이것들을 가지고 남들보다 높은 위치에서 군림하고 인정과 안정을 취하는 것이 세상에서 말하는 지혜입니다.

이러한 세상의 가르침은 끈질기게 남아서 믿음을 회복하려는 모든 시도들을 방해하지요. 그래서 구원의 시기가 늦어지면 늦어질수록 기존에 갖고 있던 세상의 가치관과 진리의 충돌로 인해 어려움을 겪게 됩니다.

육신의 아버지보다 더 좋은 아버지

나는 중학교 때 예수님을 만났습니다. 육신의 아버지보다 좋은 아버지가 계시다는 말만 들어도 어깨가 으쓱해질 정도로 기분이 좋았습니다. 좋은 아버지를 둘이나 가졌다는 사실이 최고의 안정감을 선물해 주었습니다. 그때 나의 믿음은 그랬습니다.

육신의 아버지가 소천하시자 나는 세상의 가치관과 싸워야 했고, 내 안에 있는 인본주의와 씨름해야 했습니다. 끝이 안 보이는 외롭고도 긴 싸움이었습니다. 하나를 이룬 것 같으면 다시 또 하나가 나타나고, 하나의 지혜를 얻고 나서 기뻐할 겨를도 없이 또 다른 지혜가 필요한 일들이 생겼습니다.

> 여호와 하나님이 아담을 부르시며 그에게 이르시되 네가 어디 있느냐 이르되 내가 동산에서 하나님의 소리를 듣고 내가 벗었으므로 두려워하여 숨었나이다(창 3:9~10)

"아담아 네가 어디 있느냐?"

하나님이 부르시자 아담은 "내가 벗었으므로 숨었나이다"라고 두려움에 찬 대답을 했습니다.

아담이 수치를 가리기 위해 무화과 나뭇잎을 엮어 치마로 삼았던 것처럼 인간은 거짓된 마음과 이중성으로 자신의 벌거벗음을 가리며 삽니다. 그러나 어떤 인간적인 방법으로도 수치를 가릴 수 없다는 것을 깨달을 뿐입니다.

주인이 바뀌면 삶이 바뀝니다

하나님은 인간의 '죄'를 해결하기 위해 생명의 피를 지불하고 가죽옷을 만들어 인간의 수치를 가려 주셨습니다. 더 나아가 인간의 허물과 죄로 인한 모든 수치를 담당하고, '보혈'을 흘리심으로 우리를 의롭게 여기시는 은혜의 선물을 주셨습니다.

십자가!

십자가는 죄의 종으로 버려지지 않고 하나님의 자녀 된 신분으로 영생의 복락을 바라볼 수 있게 만듭니다. 하나님의 자녀답게 사는 법을 가르치며 언젠가 이르게 될 천국의 삶을 준비하게 합니다.

세상의 노예로 살 때는 물질에 절절 매고, 권위에 눌리고, 마음의 욕구에 어쩔 줄 몰라 하지만 주인이 바뀌면 생명을 얻는 길을 찾게 됩니다. 예수 그리스도가 주인이 되면 말입니다. 주인이 바뀌면 이런 일들이 생겨납니다!

기도애 愛

항상 수치가 드러날 것 같으면 스스로 덮곤 했습니다. 하나님의 눈보다 사람들의 눈을 더 두려워했던 것 같습니다.

오늘도 말씀 앞에 서자 내 안에 있던 작은 욕심이 부끄러워집니다. 하나님께 묻지 않고 결정했던 자잘한 일들로 인해 고개가 숙여집니다.

그러나 이전처럼 스스로 무화과 잎을 엮는 일은 없을 것입니다. 가죽옷의 은혜를 알았기 때문입니다. 허물과 죄를 용서해 주신 사랑의 은혜를 받았기 때문입니다. 그러므로 주님 앞에서 더이상 가릴 것이 없습니다.

주님이 덮어 주신 은혜로 거듭나게 하시며, 옛 자아를 드러내주실 때 새롭게 부어 주시는 양심의 빛을 따라갈 수 있도록 도와주소서. 날마다 죄와 허물이 드러나는 것이 하나님의 은혜임을 깨닫기까지 오랜 시간이 걸렸습니다. 앞으로도 용서해 주시는 은혜가 더욱 깊어지기를 기도합니다. 내 마음도 주님을 닮아 가기를 기도합니다.

내 안에서 가인을 발견하다

말씀애 愛

> 아벨은 자기도 양의 첫 새끼와 그 기름으로 드렸더니 여호와께서
> 아벨과 그의 제물은 받으셨으나 가인과 그의 제물은 받지 아니하신
> 지라 가인이 몹시 분하여 안색이 변하니 (창 4:4~5)

하나님은 말씀으로 세계를 지으셨습니다. 그러나 인간만큼은 하나님의 형상을 따라 흙으로 빚고 생기를 불어넣어 생령이 되게 하셨습니다. 더욱이 하나님을 배반할 수도 있는 자유의지를 오직 인간에게만 허락하셨습니다.

하지만 인간은 이런 하나님의 은혜를 저버렸습니다. 자유의지로써 하나님을 배반하는 쪽을 선택한 것입니다.

아비와 어미를 꼭 닮은 가인

세월이 흐르자 아담과 하와는 하나님과의 관계를 회복하고 싶어 했습니다. 수고와 슬픔뿐인 인생에서 하나님을 떠올리며 제사를 생각했을 것입니다.

그런데 사실 그들은 하나님께 버림받은 게 아니었습니다. 아직 기회가 있었으니까요. 다만 제자리로 돌아가는 방법을 알지 못했을 뿐입니다.

가인은 그 아비와 어미를 꼭 닮은 자녀였습니다.

> 아담이 그의 아내 하와와 동침하매 하와가 임신하여 가인을 낳고
> 이르되 내가 여호와로 말미암아 득남하였다 하니라(창 4:1)

가인이란 이름은 "내가 하나님의 도우심으로 아들을 얻었다"라는 뜻입니다. 하와는 자신의 힘으로 아들을 얻었노라 과시했던 것입니다.

타락한 이후 첫 번째 인간으로 태어난 가인은 하나님을 미처 이해하지 못했던 아담과 하와가 되뇌던 한탄과 하소연을 듣고 자라났을 것입니다.

반면 동생 아벨은 가인과 달랐습니다. 그의 이름은 전도서에 자주 등장하는 어떤 단어와 같은 맥락의 뜻을 지녔습니다.

전도자가 이르되 헛되고 헛되며 헛되고 헛되니 모든 것이 헛되도다

(전 1:2)

바로 "헛되고 헛되니 모든 것이 헛되도다"에 쓰인 '헛되다'에 해당하는 '헤벨(hebel)'과 같은 뜻의 이름입니다. 아무리 보아도 자녀의 이름으로 쓰기에는 합당치 않은 의미인 듯합니다. 어쩌면 아담과 하와가 그를 좀 하찮게 여겼던 것일까요?

더욱이 아벨은 죄의 대가로 죽음을 겪은 첫 번째 사람이 되었습니다. 죽는다면 죄를 지은 아담이 죽었어야 하는데 애꿎게도 아벨이 죽은 것이지요.

폭스(M. Fox)는 전도서의 헤벨을 '모순 또는 부조리'로 해석했는데, 아벨의 운명이 바로 그러했습니다. 그는 이름처럼 부조리한 삶의 최후를 맞이했던 것입니다.

가인과 그의 제사, 아벨과 그의 제사

장성한 가인과 아벨은 자기만의 방식대로 하나님께 제사를 드렸습니다.

아벨은 자기도 양의 첫 새끼와 그 기름으로 드렸더니 여호와께서 아벨과 그의 제물은 받으셨으나 가인과 그의 제물은 받지 아니하신

지라 가인이 몹시 분하여 안색이 변하니(창 4:4~5)

그런데 하나님이 '가인과 그의 제사'는 기뻐하지 않으셨습니다. 여기서는 특히 '과(and)'라는 조사가 매우 중요한 메시지를 던져 줍니다. 제사만 받지 않으신 것이 아니라 사람도 받지 않으셨다는 의미입니다.

왜 '가인과 그의 제사'는 받지 않으셨을까요?

가인의 마음은 하나님을 담을 여유가 없었습니다. 자신의 것을 담느라고 다른 무엇도 담을 수가 없었습니다. 가인은 땅의 소산 중에서 흠이 없고 깨끗한 제물을 구별함 없이 드리면서 자신을 위하여 복을 빌어 주실 하나님만을 찾았습니다. 다시 말해, 하나님을 '받으시는 분'으로 해석함으로써 우상 숭배나 다름없는 제사를 드린 것입니다. 만약 하나님을 모든 만물의 주인으로 알았더라면 자신의 것 중 극상품만을 골라 드렸겠지요.

반면 아벨은 하나님을 바라볼 수 있는 틈이 생긴 것을 기뻐했습니다. 그 틈은 오직 하나님이 내어 주신 것임을 알았던 것일까요? 아벨은 하나님이 기뻐하시는 제사가 어떤 것인지를 이미 알고 있었는지도 모릅니다.

가인은 이런 아벨을 시기했습니다. 아벨이 가지게 될 하나님의

67

풍성한 축복에 샘이 났을 수도 있습니다. 가인의 관심은 하나님이 아니라 하나님이 주실 축복에만 맞춰져 있었습니다.

결국, 자기가 받아야 할 축복을 아벨에게 빼앗긴 것 같아 견딜수 없게 된 가인이 동생을 죽이고 말았습니다.

성경을 읽을 때면 하나님 앞에 순전한 믿음을 가진 사람들에나 자신을 대입시키곤 했습니다. 반대로 하나님 앞에서 범죄한인물들을 보면 가차 없이 정죄하며 비난했습니다. 마치 나는 전혀 그런 일이 없다는 듯이 말이지요.

그러나 어느 날 내 안에 가인과 꼭 닮은 내가 있음을 알아차렸습니다. 인정하고 싶지 않을 정도로 빼닮은 모습을 발견했습니다. 이토록 어리석고 악한 가인, 나 같은 죄인을 살리신 주님의은혜가 한없이 깊기만 합니다.

기도애 愛

나는 하나님이 어떤 분이신지 몰랐습니다. 내가 보고 자란 것은 부모님으로부터 받은 것이 전부였습니다. 그리고 학교와 동네 친구들과 선생님이 내 세계의 울타리였다고 해도 과언이 아닐 것입니다.

말씀애 기도애

어려서부터 폭력에 대한 두려움과 누군가 나를 떠나는 것에 대한 두려움에 시달렸던 나는 그 감정의 무게를 이겨 내기가 어려웠습니다. 그래서 최대한 두려울 만한 일을 만들지 않기로 결심했지요. 하지만 이는 어리석은 생각이었습니다. 결과적으로는 나보다 강한 사람들에게 굴복하고, 약한 사람들에게는 교만한 행동을 서슴지 않게 되었으니까요.

믿음이 자란 후에도 상황은 다를 게 없었습니다. 동문들과 함께 기도 큐티 학교에 대하여 이야기를 나눌 때에도 사소한 질문에 신경이 날카로워지는 자신을 보며 마음이 불편했습니다. 이토록 어두운 내면을 직면하는 일은 매우 어려웠지만 결국 내 안에 교만이 있음을 시인하게 되었습니다.

기도할 때마다 주님은 이런 나를 사랑으로 덮어 주십니다. 자신을 들여다보고 돌이킬 수 있도록 기회를 주십니다.

나의 비참한 모습을 볼 때마다 으레 부모님이나 가족들을 탓하곤 합니다. 그러나 이 시간, 주님 앞에서 이것 또한 회개합니다. 어느 누구의 잘못이 아니라 비뚤어진 내면이 문제임을 깨달았기 때문입니다.

내가 왜 가인처럼 살아왔는지 이제는 알 것 같습니다. 책임지기 싫어하고 심사가 삐뚤어진 가인이 내 속에 살기 때문입니다. 이런 나라도 구원해 주신 주님께 진심으로 감사합니다!

4일
인류 역사상
창4:8~15
첫 죽음을 목격하다

말씀애 🌿

> 가인이 그의 아우 아벨에게 말하고 그들이 들에 있을 때에 가인이
> 그의 아우 아벨을 쳐죽이니라(창 4:8)

하나님은 가인과 제물을 받지 않으시고 그를 향하여 이렇게
선언하셨습니다.

> 네가 선을 행하면 어찌 낯을 들지 못하겠느냐 선을 행하지 아니하
> 면 죄가 문에 엎드려 있느니라 죄가 너를 원하나 너는 죄를 다스릴
> 지니라(창 4:7)

이 말을 들은 가인이 아벨을 죽였습니다. 그런데 그 와중에 새

로운 사실이 드러났습니다. 바로, 하나님이 만드신 피조물들이
소리를 낸다는 것 말입니다.

첫 죽음, 모든 피조물들이 잠자코 있지 못했습니다

인간의 역사가 피로 물들어 있다는 점에는 누구나 공감합니다.
하나님께 묻는 것을 잊어버린 세대는 제 소견에 옳은 대로 행할
따름입니다. 이기적인 마음을 처리하지 못하는 인간들이 대의명
분을 걸고 엄청난 희생을 치르고서라도 자신의 유익을 취하려
합니다. 더욱이 전리품을 나누는 자들에게서 추앙받고 스스로
만족하는 일조차 있습니다.

자기의 능력과 권세를 드러내기 위해 치른 수많은 전쟁들로
인해 땅은 핏소리를 내게 되었습니다. 우리도 그런 경험을 했지
요. 한국전쟁 때문에 한반도가 두려움에 사로잡혔던 때가 있었
습니다. 결국 한반도는 남북으로 나뉜 채 분단국가가 되었고, 남
한과 북한은 확연하게 다른 모습으로 변해 갔습니다. 하나님이
주인 되시는 곳과 사람이 주인인 곳으로 갈라져 현격한 차이를
드러내게 된 것입니다.

죽음을 접해 보지 못한 사람들에게는 죽음 그 자체가 저주가
되기 쉽습니다. 가령 가족 중 한 사람이 세상을 떠나면 남은 이들
에게는 슬픔과 공허함만이 남습니다.

그런데 우리에게 중요한 것은 죽음이 아니라 '죽음 이후의 삶' 입니다. 그러므로 우리는 영생을 바랍니다. 단 하루를 살아도 하나님의 자녀답게 사는 것이야말로 죽음이 우리에게 알려 주는 삶의 의미가 아닐까요? 하늘의 신분을 가지고 땅에 파송되어 그 신분에 맞게 충성하며 살다가 주님이 부르실 때에 기쁨으로 찬송하며 가는 것! 이것이 바로 그리스도인의 복된 죽음입니다.

오늘 말씀에서 아벨의 피가 땅에서 소리를 냈습니다. 하나님의 피조물들은 아벨의 죽음에 대해 잠자코 있지 않았습니다. 그 소리는 하나님께로 곧장 전해졌습니다. 하나님의 거룩한 땅에서 무고한 피 흘림이 있어서는 안 되기 때문입니다.

> 이르시되 네가 무엇을 하였느냐 네 아우의 핏소리가 땅에서부터 내게 호소하느니라(창 4:10)

아담과 하와는 죽음을 본 일이 없었습니다. 가인이 인류 역사상 처음으로 죽음을 목격했습니다. 그들은 처음 맞이한 이 죽음을 어떻게 처리해야 할지 몰랐습니다.

죄를 지으면 말이 많아집니다

가인 역시 할 말이 많았습니다.

여호와께서 가인에게 이르시되 네 아우 아벨이 어디 있느냐 그가 이르되 내가 알지 못하나이다 내가 내 아우를 지키는 자니이까(창 4:9)

자신의 죄를 뉘우치기는커녕 오히려 하나님께 반문하며 대드는 모습입니다. 가인은 분명 하나님에 대한 진리의 지식이 모두 깨어진 상태였습니다. 구원의 길을 잃고 생명의 길도 상실한 가없은 자였습니다!

구원을 받기 전의 내 모습도 바로 이랬습니다. 그래서 유독 가인을 지켜보기가 힘들었던 것입니다. 은근한 자기연민이 솟구쳐 올라왔습니다. 과거의 내 모습과 너무나도 닮았기에 차마 꾸짖거나 비난할 수가 없었습니다.

가인은 자기의 죄를 알고 두려워했습니다. 만약 그가 하나님께 회개를 했다면 어떻게 됐을까요? 돌이키는 자에게는 긍휼을 베푸시는 하나님이 분명 용서해 주셨을 것입니다. 그러나 어리석게도 가인은 회개하는 대신 죄의 어둠 속으로 숨어 버렸습니다.

죄를 지으면 할 말이 많아집니다. 변명을 하든, 주장을 하든, 일단 주변을 탓합니다. 죄를 회개하는 대신 죄를 합리화하기에 바쁩니다. 그 결과가 빤한데도 끝까지 자존심을 내세웁니다.

정말 두려워해야 할 죽음이 무엇인가

가인은 하나님을 두려워하지 않고 사람을 두려워했습니다. 그럼에도 가인이 하나님께 자신의 보호를 요청한 것은 참으로 의문입니다.

하나님은 땅이 그를 저주하여 더 이상 효력을 내지 않고, 가인은 땅에서 피하며 유리하고 방황하는 자가 될 것이라고 말씀하셨습니다. 그러나 그를 영영 버리지는 않으셨습니다.

가인이 죽음의 공포에 질려 떨고 있을 때 하나님은 그의 생명을 지켜 주시겠다고 약속하셨습니다. 그리고 실제로 표를 주어 그를 만나는 모든 사람에게서 죽임을 면케 하셨습니다.

> 여호와께서 그에게 이르시되 그렇지 아니하다 가인을 죽이는 자는 벌을 칠 배나 받으리라 하시고 가인에게 표를 주사 그를 만나는 모든 사람에게게 죽임을 면하게 하시니라(창 4:15)

천천히 진행되는 육체의 죽음은 피부에 와 닿지 않을 수 있습니다. 다만 분명한 사실은 우리 모두가 언젠가는 반드시 죽게 된다는 것입니다.

그런데 영적인 죽음은 이미 경험했습니다. 태어나면서부터 죽어 있었으니 말입니다. 원죄를 갖고 태어난 인간은 처음부터 하나님과의 분리된 관계에 놓이게 됩니다. 다시 말해 영적인 생명이 없는 채로 사는 것입니다.

하나님의 가장 큰 은혜는 이 땅에서 예수님을 믿음으로써 영원한 형벌로서의 죽음을 면할 길을 열어 주신 것입니다. 살아서나 죽어서나 영원한 생명으로 이어지는 '길' 곧 예수 그리스도를 만나게 하신 것입니다.

하나님은 우리에게 무엇을 받고자 기다리시는 분이 아닙니다. 오직 가진 전부를 다 내어주신 분입니다. 그러므로 우리가 예물을 드릴 때는 은혜를 주신 분께 대한 감사로 드려야 합니다. 하나님이 원하시는 것은 마음입니다. 온 마음과 온 영혼으로 드리는 예배를 주님은 기다리십니다.

기도애 愛

가인을 보면 많은 생각이 듭니다. 형벌이 과중하다고 호소하는 모습이 마치 나를 보는 것 같습니다. 나도 내 과실을 가리고 싶습니다. 두려움이 빚어 낸 피해망상도 있습니다.

그러나 분명한 것은 하나님의 눈을 피할 곳이 없다는 사실입니다. 더 이상 죄의 지배를 받고 싶지는 않습니다. 이기심에 합당한 말씀을 찾아내어 합리화시켜 보아도 찰나의 위로가 될 뿐입니다. 주의 자녀에게 영적인 죽음보다 더 비참한 것은 없습니다.

성령님의 인도를 따라 내게 주신 마음을 잃어버리지 않도록 도움을 요청합니다. 항상 약자와 죄인의 편에 서고픈 마음이 드는 것은 내 자신이 그들과 다를 바 없기 때문입니다. 나 자신의 연민으로 인해 하나님의 은혜의 빛을 가리는 일이 없기를 소망합니다.

늘 말씀에 마음을 비추어 가인과 같은 이기심과 죄를 허용하는 일이 없도록 깨어 있기를 구합니다.

주님! 나에겐 항상 주의 도우심이 필요합니다.

5일 가인, 땅에서 유리함이 구원이다

말씀애 愛

네가 밭을 갈아도 땅이 다시는 그 효력을 네게 주지 아니할 것이요 너는 땅에서 피하며 유리하는 자가 되리라 가인이 여호와께 아뢰되 내 죄벌이 지기가 너무 무거우니이다 주께서 오늘 이 지면에서 나를 쫓아내시온즉 내가 주의 낯을 뵈옵지 못하리니 내가 땅에서 피하며 유리하는 자가 될지라 무릇 나를 만나는 자마다 나를 죽이겠나이다 여호와께서 그에게 이르시되 그렇지 아니하다 가인을 죽이는 자는 벌을 칠 배나 받으리라 하시고 가인에게 표를 주사 그를 만나는 모든 사람에게서 죽임을 면하게 하시니라(창세기 4:12~15)

가인은 인류 최초의 살인자입니다. 그는 살인으로 인해 저주를 받아 아무리 노력해도 땅에서 효력을 얻지 못하게 되었을 뿐만 아니라 평생 유리하는 자가 되었습니다. 보기에 따라서는 하나님이 주신 벌이 너무 과했다고 느낄 수도 있습니다.

하나님의 주권을 인정하지 않는 사람이 성경을 읽으면 거절감과 분노 같은 부정적인 감정부터 느끼는 경우가 많습니다. 그러나 하나님의 구원에 감사하는 마음으로 보면 어떤 구절에서도 전적인 은혜를 발견 할 수 있습니다.

가인은 사랑과 공의의 하나님을 만났습니다

가인이 하나님께 받은 '죽임으로부터 보호받는 표'는 곧 구원의 기회였습니다. 살아 있기만 해도 회개의 기회가 있는 것이니까요.

그런데 그가 살아야만 했던 이유는 또 있었습니다. 하나님이 그에게 내리신 형벌의 말씀이 온전히 성취되기 위해서는 다른 사람이 먼저 그를 함부로 죽여서는 안 되었던 것입니다.

하나님은 가인을 버리지 않고 구원의 기회를 주셨지만 안타깝게도 그는 사랑과 공의의 하나님을 알지 못했습니다. 그 때문에 결국 그의 후손들도 구원의 반열에 오르지 못했습니다.

가인은 에덴의 동쪽에 있는 놋에 살았습니다. 놋은 '유랑의 땅'이라는 뜻입니다. 유리하는 자가 된 가인은 자신을 보호하기 위해서 성을 쌓고 거기에 자기 아들의 이름을 붙였습니다.

가인이 여호와 앞을 떠나서 에덴 동쪽 놋 땅에 거주하더니 아내와 동침하매 그가 임신하여 에녹을 낳은지라 가인이 성을 쌓고 그의 아들의 이름으로 성을 이름하여 에녹이라 하니라(창 4:16~17)

사실 에녹은 그리 낯선 이름이 아닙니다. 셋의 후손 중에도 가인의 아들 에녹과 동명이인이 있습니다. 그는 죽음을 보지 않고 들림받은 선지자였습니다.

아담의 칠대 손 에녹이 이 사람들에 대하여도 예언하여 이르되 보라 주께서 그 수만의 거룩한 자와 함께 임하셨나니 이는 뭇 사람을 심판하사 모든 경건하지 않은 자가 경건하지 않게 행한 모든 경건하지 않은 일과 또 경건하지 않은 죄인들이 주를 거슬러 한 모든 완악한 말로 말미암아 그들을 정죄하려 하심이라 하였느니라(유 1:14~15)

주를 거스르는 온갖 불경건한 일들이 세상에 가득하다는 것은 하나님의 심판의 때가 이르렀다는 뜻입니다. 우리가 사는 이 시대에도 죄악이 얼마나 가득한지요. 모두가 이를 알고 위기의식을 느끼며 살아갑니다. 아무도 멸망치 않기를 바라며 마지막까지 구원의 손길을 놓지 않으시는 하나님을 바라봅니다. 그러나 우리에게 얼마나 많은 시간을 주실지는 아무도 모릅니다.

하나님을 모르면 의지할 곳이 없습니다

나도 가인과 별다를 바 없이 살았던 때가 있습니다. 하나님을 몰랐기 때문에 자기연민에 빠져 있었고, 세상으로부터 스스로를 지켜야 한다고 생각했습니다. 나 자신을 보호하는 법을 깨우치려 애쓰면서 세상의 지혜를 추구했습니다. 이때 세상이 내게 가르쳐 준 것은, 생존을 위해서는 다른 사람들을 딛고 일어서야 한다는 것과 어떻게 해서든 목표를 달성하고 성공해야 성을 쌓고 자신을 보호할 수 있다는 것이었습니다. 이처럼 세상은 최고의 자리에 오르기까지 치러야 할 대가를 미화하며 하나님의 길에서 벗어나 계속해서 죄를 선택하라고 이릅니다.

세상을 두려워하면 하나님을 두려워하지 않는 법입니다. 오로지 자기만을 믿고 자신을 위해서만 사는, 천상천하 유아독존에 빠지는 것입니다. 나 또한 스스로 신이 되려고 했습니다. 자연히 재물, 명예, 권력 같은 것들이 필요해졌습니다. 모든 정사와 권세가 주님의 것인데도 내 마음대로 하고 싶은 유혹에 넘어가 버린 것입니다. 그리고 이 허황된 목표를 이루기 위해 실패를 거듭해야 했습니다.

허상을 쫓느라 얼마나 많은 시간을 허비했는지 깨달았을 때에

느꼈던 비참함과 수치심은 이루 말할 수가 없습니다. 이 모든 것이 사단의 공격 때문이었다고만 할 수 있을까요? 아닙니다. 사단이 내 주인이 되도록 용인했기 때문입니다. 그만큼 나는 하나님을 떠나 사는 데 너무나 익숙한 사람이었습니다. 유리하며 방황하던 가인처럼 공허와 혼돈에 빠져 살았습니다.

가인의 후손들은 하나님 앞을 떠나 인본주의 세상을 구축했습니다. 그중에서도 라멕은 인간 교만의 한계치를 한껏 드러내는 인물이었습니다.

> 라멕이 아내들에게 이르되 아다와 씰라여 내 목소리를 들으라 라멕의 아내들이여 내 말을 들으라 나의 상처로 말미암아 내가 사람을 죽였고 나의 상함으로 말미암아 소년을 죽였도다(창 4:23)

그는 자녀를 많이 낳아 복을 더 쌓으려는 욕심에 아내를 둘이나 얻었습니다. 일부다처제를 역사 안으로 들여온 것입니다(창 4:19). 게다가 자신이 어떻게 살인을 저지르게 되었는지도 부끄럼 없이 말했습니다. 정당방위였다는 것입니다. 하나님의 주권을 무시하고 하나님으로부터 완벽하게 독립하겠다는 속셈입니다. 살인을 저지르고서도 어찌 이리도 당당할 수가 있겠습니까? 라멕은 가인으로부터 시작된 교만의 절정을 확실히 보여 줍니다.

나는 행복한 사람이 되어 갑니다

다행스럽게도 나는 가인의 족보에서 벗어날 수 있었습니다. 나의 어떠함 때문이 아니라 오직 은혜로 구원이 내게 찾아왔기에 가능한 일이었습니다. 주의 은혜로 나는 거절감과 분노를 벗어 버릴 수 있었습니다. 구원은 내게 주신 가장 귀한 선물입니다.

하나님의 구원 계획을 이해하기까지는 오랜 시간이 걸렸습니다. 혹시 내 이름이 구원 계획에 없으면 어쩌나 하는 두려움도 있었습니다. 하나님의 넓으신 사랑을 미처 헤아리지 못했고, 믿음 또한 부족했습니다. 나를 부르고 선택하신 것 자체가 이미 놀라운 하나님의 은혜입니다. 그 구원의 은혜 아래서 나는 진정으로 행복한 사람이 되어 갑니다. 이 행복한 일들을 다른 사람들에게도 선물하고자 하시는 하나님의 마음이 자꾸만 느껴집니다.

기도애 愛

살인자 가인에게 죽음을 면할 수 있는 표를 주신 하나님의 마음을 처음엔 이해하기 어려웠습니다. 한편으로는 내게도 그런 표를 주셨으면 하는 바람이 있었습니다. 그러나 이제는 깨달았

믿음애 기도애

습니다. 가인에게 주신 표는 그가 감당해야 할 죄의 대가를 온전히 치르게 하기 위함이었음을 말입니다.

하나님은 그를 땅으로부터 저주받아 유리하며 방황하는 자로서 살도록 하시면서도 인간이 복수하지 못하도록 막아 주셨습니다. 가인으로 인해 다른 사람들이 죄에 빠지지 않도록 보호하기 위해서….

가인에게는 살아있는 시간이 모두 구원의 기회였습니다. 하나님은 가인에게 징벌을 주셨지만 동시에 회개의 기회도 주셨습니다. 이미 구원을 받았지만, 나 역시 사는 동안 가인처럼 하나님에게서 멀어지는 죄에 빠지는 일이 종종 있음을 고백합니다. 억울함 때문에 미운 사람을 주님 앞에 송사하려는 마음이 울컥 올라올 때가 있음을 주님도 아십니다. 주님 앞에서 보니 가인이 나의 반면교사가 됩니다. 나의 이기심을 위해 주님을 이용하고 싶어했던 순간은 없었는지 돌아보며 오늘도 주님 앞에 엎드려 회개합니다. 성령의 인 치심으로 구원의 표를 주셨으며 이 땅에서 사는 내내 회개의 기회를 주심에 감사를 드립니다. 회개야말로 은혜의 수단입니다. 흠 없이 보존하시고자 하는 주님의 마음을 알면 알수록 구원의 기쁨이 샘솟습니다. 구원의 표로 성령의 내주하심을 허락하신 하나님께 감사를 드립니다!

6일
창 3~5장

다른 씨를 예비하심이 하나님의 기쁨이다

말씀애 💝

> 아담이 다시 자기 아내와 동침하매 그가 아들을 낳아 그의 이름을 셋이라 하였으니 이는 하나님이 내게 가인이 죽인 아벨 대신에 다른 씨를 주셨다 함이며(창 4:25)

가인은 하나님 앞에서 멀어져 갔고 아벨은 허무하게 죽임을 당했습니다. 이렇게 가인과 아벨을 잃은 아담과 하와가 셋을 낳았습니다. 셋은 "하나님이 주신 다른 씨"라는 뜻입니다.

아담의 족보를 이어 갈 수 있도록 새 아들을 주셨는데 '다른 씨'라고 이름 붙였습니다. 정확히 말해 가인과는 다른 씨라는 뜻이지요. 실제로 셋의 후손은 아담의 정통을 이어 갔습니다.

믿음의 선택으로 다른 씨가 드러납니다

아담이 소망을 담아 고백한 대로 셋은 '다른 씨'로서 믿음의 계보를 이어 갔습니다. 그러나 죄가 남긴 상흔은 지워지지 않았습니다. 아담은 하나님의 형상을 닮았는데, 셋은 아담의 형상을 닮은 것입니다.

> 아담은 백삼십 세에 자기의 모양 곧 자기의 형상과 같은 아들을 낳아 이름을 셋이라 하였고(창 5:3)

죄로 인해 불완전해진 형상이 대물림되었다는 뜻입니다. 가슴을 치게 되는 구절입니다. 하나님의 구원 계획은 하나님을 위해서가 아니라 우리 자신을 위해서라는 것을 확인하기 때문입니다. 이렇듯 불완전한 존재임에도, 하나님은 인간의 구원을 포기하지 않으셨으니 이 얼마나 큰 은혜입니까! 아담의 후손은 두 인류가 되어 대를 잇게 되었습니다. 선악과 사건 때 여자와 뱀에게 주셨던 원시 복음이 떠오릅니다.

> 내가 너로 여자와 원수가 되게 하고 네 후손도 여자의 후손과 원수가 되게 하리니 여자의 후손은 네 머리를 상하게 할 것이요 너는 그의 발꿈치를 상하게 할 것이니라 하시고(창 3:15)

여자의 후손과 뱀의 후손이 다르듯이, 경건한 자의 후손과 불경건한 자의 후손은 서로 다른 인류의 씨앗이 되었습니다.

한배에서 태어난 가인과 셋의 족보를 비교해 보면 비슷한 이름을 많이 발견할 수 있습니다. 그러나 라멕의 아들 노아의 대에서부터는 '다른 씨'의 구별이 확연히 드러나기 시작합니다. 하나님과 멀어진 관계에서는 죄의 선택밖에는 없다는 것을 역사를 통해 새삼 깨닫게 됩니다.

하나님의 심판은 곧 구원입니다

그러나 다른 씨라도 피할 수 없는 것이 있었습니다. 바로 죽음입니다. 창세기 5장의 족보를 보면 하나같이 '죽었더라'로 끝납니다. 죄의 삯이 죽음이니 그럴 수 밖에 없습니다. 아담의 형상을 닮은 다른 씨, 셋의 후손도 죄에서 자유로울 수는 없었다는 뜻입니다.

가인의 후손이나 셋의 후손이나 육체의 죽음은 피할 수 없었습니다. 겉보기에는 두 인류의 끝이 똑같아 보입니다. 그러나 실은 그렇지 않습니다. 영원한 죽음이 아닌 것입니다. 다른 씨에게는 죽음이 끝이 아니기 때문입니다.

가인의 후손이나 셋의 후손이나 하나님이 축복하신 대로 생육하고 번성하여 땅에 충만하게 되었습니다. 두 인류는 서로 교류하며 섞이게 됩니다. 하나님의 아들들이 사람의 딸들을 취한 것입니다.

> 사람이 땅 위에 번성하기 시작할 때에 그들에게서 딸들이 나니 하나님의 아들들이 사람의 딸들의 아름다움을 보고 자기들이 좋아하는 모든 여자를 아내로 삼는지라(창 6:1~2)

이들 사이의 경계가 무너졌음은 믿음의 후손을 구분하기가 점점 더 어려워지게 된 사정을 드러냅니다. 인간의 타락이 점점 심화되어 간 것입니다.

> 여호와께서 사람의 죄악이 세상에 가득함과 그의 마음으로 생각하는 모든 계획이 항상 악할 뿐임을 보시고 땅 위에 사람 지으셨음을 한탄하사 마음에 근심하시고(창세기 6:5~6)

땅 위에 죄가 얼마나 가득했던지 하나님이 한탄하실 정도였습니다. 마침내 하나님은 지면 위의 모든 피조물을 심판하기로 결정하셨습니다. 구원을 계획하고 기대하며 기다리셨지만, 인간에게 스스로의 죄를 처리할 능력이 없음을 확인하신 것입니다.

어떤 이들은 하나님이 인간을 괴롭히기 위해 창조하셨다고 생각하기도 합니다. 심각한 왜곡이지요. 하나님의 심판을 표면적으로만 이해하면 이런 오해가 생깁니다.

선악과 사건으로 타락하여 에덴에서 쫓겨났을 때부터 이미 인간은 심판을 면할 수 없는 존재가 되었습니다. 죄의 삯인 죽음을 피할 수 있는 피조물은 아무도 없었습니다.

그러나 하나님은 경건한 사람들을 두어 하나님의 말씀을 믿는 자들을 의롭다 하시고 구원의 역사를 은혜로 이어 가셨습니다. 그러한 하나님의 역사를 볼 수 없는 자들에게는 진노하시는 하나님만 보이는 것입니다.

하나님의 심판은 곧 구원 계획입니다. 창세기 3장 15절의 원시복음을 다시금 새겨 봐야 합니다. 여자의 후손과 뱀의 후손에 대한 이야기를 먼저 깨달아야 하나님의 심판을 제대로 이해할 수 있습니다.

내가 아니어도 일꾼은 많다니요

아침에 눈을 떴는데 몸이 찌뿌듯해서 나도 모르게 "아, 오늘은 쉬고 싶다"라는 말을 내뱉었습니다. 그런데 주님이 이런 음성을 들려주시는 게 아닙니까!

"그러면 하지 마라! 네가 아니어도 할 사람은 얼마든지 있단다!"

순간 가슴이 철렁해서 주님의 음성에 더욱 귀를 기울였습니다. 이윽고 들려온 마음의 소리는 나의 뛰는 가슴을 진정시켜 주었습니다.

"나는 네게 일을 시키려는 게 아니야. 구원과 영생의 길을 전하는 일이 얼마나 중요하고 기쁜 일인지 너는 알잖니. 나는 너와 이 기쁨을 나누고 싶을 뿐이란다!"

굳이 내가 아니어도 된다는 하나님의 말씀이 쉽게 이해되는 것은 아니었지만, 하나님의 사람들을 준비시키고 그들과 기쁨을 나누길 원하시는 하나님의 마음은 가늠할 수 있었습니다.

나는 내 영역과 할 몫을 중요하게 여기는 사람입니다. 하지만 그만큼 다른 사람들의 것을 인정하는 데 어려움을 겪곤 합니다. 그런 나에게 들려주신 하나님의 마음은 정말 많은 생각을 하게 이끌었습니다. 한참 묵상한 끝에 나는 내가 무엇을 잊고 있었는지 깨닫게 되었습니다. 중요한 것은 내가 무엇을 하느냐가 아니라 "주님이 나와 함께 무엇을 하시고자 하느냐"였던 것입니다.

지금도 세상 속에서 '다른 씨'를 예비하시는 하나님을 생각합니다. 오늘도 주님과 함께 다른 씨를 찾아 준비시키는 일을 하며 주님의 기쁨에 참예합니다.

기도애 愛

기도하며 깨어 있지 않으면 사역이 무거운 짐처럼 느껴질 때가 있습니다. 그런 순간에는 영락없이 중심에 '나'가 올라섭니다.

그런데 하나님이 "그렇게 힘들면 하지 마라. 네가 아니어도 할 사람은 얼마든지 있다"고 말씀하시자 순간 울컥하고 섭섭함이 밀려왔습니다. 하지만 곧 하나님의 깊은 사랑을 깨닫고는 안심이 되었습니다.

주님의 사람들을 준비시키고 그들과 기쁨을 나누길 원하시는 하나님을 이해하는 것이 쉽지만은 않았습니다. 그러다 하나님은 내가 하는 일을 기뻐하시기보다는 내가 하나님의 기쁨에 참예하는 것을 더 기뻐하심을 알았습니다.

오늘 주님 앞에서 새롭게 시작하고 싶습니다. 항상 '다른 씨'를 예비하시는 하나님을 이 순간 생각합니다.

매일 신실한 마음을 허락하시는 주님께 감사를 드립니다!

노아의 홍수,
끝이 아닌 다시 시작

말씀애 愛

> 그러나 노아는 여호와께 은혜를 입었더라(창 6:8)

우리가 보기에는 끝난 것 같아도 끝이 아닌 경우가 있습니다. 하나님의 언약이 그렇습니다. 하나님은 인간의 죄악으로 인해 모든 피조물을 멸절시키기로 하셨지만 구원의 계획은 취소하지 않으셨고, 언약의 족보를 이어 갈 자들을 남겨 두셨습니다.

이것이 바로 하나님의 헤세드(chesed), 즉 '변하지 않는 사랑'입니다.

노아, 므두셀라의 예언을 믿은 한 사람
노아는 하나님이 명하신 대로 준행했습니다. 에녹이 그 아들의 이름을 므두셀라로 지으며 예언한 것을 믿은 자는 당대에 노아 한 사람뿐이었습니다. 므두셀라는 "그가 죽으면 심판이 임하리라"라는 뜻입니다.

하나님은 노아에게 심판의 때가 이르렀다고 말씀하시며 방주를 만들라고 하셨습니다.

> 너는 고페르 나무로 너를 위하여 방주를 만들되 그 안에 칸들을 막고 역청을 그 안팎에 칠하라(창 6:14)

사람들 가운데는 오직 노아와 노아의 가족들만이 방주에 올랐고, 노아에게 나아온 모든 정결한 짐승의 암수 일곱씩과 부정한 짐승 암수 둘씩 그리고 공중의 새 암수 일곱씩이 배에 올랐습니다. 방주에 타지 못한 피조물들은 다 어찌 되었을까요?

> 육지에 있어 그 코에 생명의 기운의 숨이 있는 것은 다 죽었더라(창 7:22)

창조 때 지으셨던 모든 것이 죽었습니다. 오로지 노아의 방주에 탔던 생물들만이 목숨을 건졌습니다.

방주 안에는 꼭 필요한 것 외에 어떠한 장식품이나 사치품도 없었습니다. 오직 비바람의 재앙으로부터 안전하게 생명을 유지하는 것이 목적이었습니다. 120년 동안 정성을 다해 지었으니 생명을 보존하는 데는 더할 나위 없이 튼튼했을 것입니다.

하나님은 남은 자들을 기억하십니다

방주의 내부가 어땠을까 상상해 보니 한편으로는 끔찍한 생각도 듭니다. 얼마나 갑갑하고 더러웠을까요. 온갖 동물들이 다 모였으니 그 악취는 또 얼마나 대단했겠습니까?

하지만 쓸데없는 걱정을 했다는 것을 나중에서야 깨달았습니다. 새해 특별새벽기도회 기간에 창세기를 묵상한 적이 있습니다. 3일 동안 창조과학회의 이재만 선교사님이 노아의 방주에 대해 설명해 주셨습니다. 그때 이런 말씀을 하시더군요.

"방주는 보트가 아니라 박스입니다."

출애굽기 2장에 나오는 모세의 갈대 상자와 같은 박스라는 것입니다. 그렇기 때문에 큰 홍수에도 까딱없었다고 설명해 주셨습니다. 방주는 하나님의 완벽한 설계하에 지어졌다는 것이지요.

또 나의 염려와는 달리 홍수로 인해 방주 속 내부 온도가 낮았을 것이라고 합니다. 그러므로 동면하는 동물들은 잠을 잤을 테니 생각보다는 그렇게 소란스럽지 않았을 것이라고 합니다. 이렇듯 방주는 하나님의 보호가 임하는 유일한 곳이었습니다.

하나님은 노아와, 방주에 탄 모든 들짐승과 가축들을 기억하시고 바람을 불게 하여 물을 줄이셨습니다(창 8:1). 노아의 이야기가 심판에 그치지 않고 구속의 이야기임을 드러내는 장면입니다. 또한 하나님은 그들을 기억하시고 방주의 문을 열어 주셨습니다.

유일한 생존자로서 모든 피조물들이 죽어 간 것을 눈으로 직접 확인했을 노아와 그의 가족들은 하나님께 감사와 더불어 경외감을 느끼지 않았을까요?

노아가 당대에 의인이기는 했지만 그 역시 아담의 후손이었습니다. 따라서 죄의 유산을 안고 살아갈 수밖에 없었습니다. 단, 하나님은 다시는 물로써 심판하지 않겠다고 은혜의 약속을 해주셨습니다. 심판 가운데서도 남은 자를 두셔서 그들을 통해 구속의 역사를 이루어 가시는 것이 바로 하나님의 은혜입니다.

하나님의 심판은 또 있을 수 있겠지요. 그러나 새로운 구속의 방식으로 죄를 다루심으로써 이제는 새로운 세계가 열리게 되었습니다.

나에게 교회는 방주였습니다

나는 어렸을 때부터 절대자에 대한 강한 호기심을 갖고 있었습니다. 그래서 한번은 성당 미사에 갔었는데 검은 사제복과 천장에서부터 드리워진 커튼이 너무 무서워서 그냥 뛰쳐나오기도 했습니다.

나의 구원은 노아와 같은 친구의 손에 이끌려 교회라는 방주에 올라타면서부터 시작되었습니다. 중학교 때 친구를 따라 들어간 교회가 무척 마음에 들고 좋았던 것입니다. 누구의 기도 덕분인지는 몰라도 우리 가족 중에 나를 '남은 자'로 삼아 주신 것에 그저 감사할 따름입니다.

방주에 들어간 나에게 하나님은 성령을 보내 주셨습니다. 구원이라는 은혜 속에서 받은 성령의 내주하심은 나를 주님의 말씀 안으로 이끌어 주었고, 그 말씀이 나의 길이 되었습니다. 미약하고 부족한 내가 주님과 함께 생명의 길을 걷게 된 것입니다.

외부의 어떤 것도 들어오지 못하게 막기 위해 하나님은 방주에 역청을 바르게 하셨습니다. 그렇다면 역청이 노아를 살린 것일까요? 아닙니다. 하나님의 전적인 보호하심이 있었기 때문에 살아남은 것입니다.

모든 혼란은 두려움에서부터 시작됩니다. 소유하지 못할까 봐 두려워하고, 상황이 더욱 악화될까 봐 두려워하고, 다른 사람들의 시선을 두려워하는 등, 온갖 두려움이 우리를 에워쌉니다. 심지어는 내가 저지른 죄의 대가가 무엇일까 하는 두려움도 있습니다.

우리는 죄의 대가를 알고 그 값을 치르기도 하지만 때로는 모르고 치르는 경우도 있습니다. 그런데 모르고 지은 죄의 대가는 언제 치렀는지도 모른 채 넘어가게 마련입니다. 고난의 이유를 낱낱이 안다고 해서 죄를 더 이상 짓지 않고 살 수가 있던가요? 어쩌면 자신도 모르게 고난을 치르는 것도 은혜일지 모릅니다.

나는 은혜를 필요로 하는 사람입니다. 은혜의 자리에 머물며 주님의 인도하심을 받는 이 기쁨을 언제까지나 누릴 수 있기를 소망합니다.

기도애 愛

에녹의 시대에 계시되었던 심판이 노아의 때에 이르러서 이루 어졌습니다. 주님이 다시 오시는 날도 그렇게 올 것 같습니다. 주 님이 약속하신 대로 심판의 방법이야 다르겠지만 분명 이 세상 은 심판 가운데 있게 될 것입니다.

노아에게 심판을 선언하실 때 가장 먼저 하신 말씀이 "방주를 만들라"였지요. 언제나 구원의 계획을 포기하지 않으시는 주님 께 감사드립니다. 또한 나에게 항상 새로운 시작을 주심에 감사 드립니다. 구원을 받고 새롭게 시작할 수 있는 기회를 얻어도 나 는 번번이 다시 죄를 짓곤 했습니다. 그러고 보면 심판의 경고를 듣는다고 해서 완전히 변화되는 것은 아닌 것 같습니다.

방주를 만든 노아처럼, 구원을 위해 기꺼이 십자가를 지신 예 수님처럼, 나 또한 다가올 주님의 날과 심판을 준비하며 살아야 함을 압니다. 그러기 위해서 기도의 지경이 넓어지기를 소망합 니다. 심판의 날이 이르렀을 때 사랑하는 사람 모두가 구원의 방 주에 함께 탈 수 있다면 얼마나 좋을까요. 주위의 믿지 않는 사람 들에게 복음을 전하는 열정이 더욱 커지기를 기도합니다.

자기중심성이라는 작은 그릇에서 벗어나 더 큰 믿음의 그릇을 갖게 하시고, 그리스도께 잡힌 바 되어 그 말씀을 좇아가게 하시 기를 기도합니다!

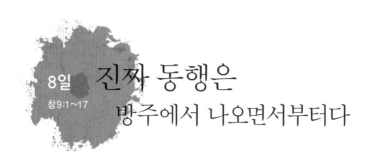

8일 진짜 동행은
창9:1~17 방주에서 나오면서부터다

말씀애 愛

> 내가 너희와 언약을 세우리니 다시는 모든 생물을 홍수로 멸하지
> 아니할 것이라 땅을 멸할 홍수가 다시 있지 아니하리라(창 9:11)

방주에서 나온 노아에게 하나님이 언약을 주셨습니다. '다시는
사람으로 말미암아 땅을 저주하지 않으시겠다'(창 8:21)고 약속하
시며 '다시는 홍수로 땅을 멸하지 않겠다'(창 9:11)는 언약의 증거
로 무지개를 주셨습니다. 이것은 무조건적인 약속이었습니다.

육식의 시작, 세상이 달라졌습니다

방주에서 나온 이후로 노아의 가족들은 비가 조금만 와도 몹
시 두려웠을 것입니다. 그러나 하나님의 약속으로 평안히 살 수

말씀애기도애

있게 되었습니다. 이렇듯 하나님과 관계가 좋으면 어떤 상황에서도 평안을 누리는 은혜가 깃들기 마련입니다.

하나님은 노아와 그 아들들에게 복을 주시고, 새로운 인류가 시작되는 시점에서 파격적인 말씀을 하셨습니다. 즉, 육식을 허락하신 것입니다. 더불어 인간이 피조물들을 지배하도록 확언하셨습니다.

> 모든 산 동물은 너희의 먹을 것이 될지라 채소 같이 내가 이것을 다 너희에게 주노라 그러나 고기를 그 생명 되는 피째 먹지 말 것이니라 내가 반드시 너희의 피 곧 너희의 생명의 피를 찾으리니 짐승이면 그 짐승에게서, 사람이나 사람의 형제면 그에게서 그의 생명을 찾으리라 다른 사람의 피를 흘리면 그 사람의 피도 흘릴 것이니 이는 하나님이 자기 형상대로 사람을 지으셨음이니라(창 9:3~6)

다만 하나님은 육식을 허락하면서 그에 따른 규례도 주셔야 했습니다. 세상이 이미 죄로 물들어 있어서 날로 더 포악해질 것이기 때문이었습니다.

새로운 인류, 시작부터 삐걱거립니다
방주에서 노아는 무엇을 했을까요? 그의 가족들은 어떤 자세로 하나님께 예배를 드렸을까요? 그들이 방주 안에서 어떻게 생활했는지, 또 방주에서 내린 이후에 어떻게 살았는지에 대해 우리는 정확히 알 수 없습니다. 세월이 갈수록 믿음의 자취를 남긴 기록은 찾아보기 힘들고 세 아들의 행적에도 딱히 별다른 것이 없으니까요.

본래 노아는 포도원을 경작하던 농부였습니다. 그는 포도주에 취한 첫 사람으로 성경에 기록되었습니다. 한껏 달아오른 취기 때문에 노아는 일생일대의 큰 실수를 하고 말았습니다. 벌거벗은 채 누워 있었던 것입니다. 의인이 하는 행동치고는 매우 천박합니다.

그런데 노아의 세 아들들은 아버지의 수치를 보고서 어떻게 했습니까? 가나안의 아비 함은 아버지의 수치를 가려 주기는커녕 오히려 들추어 떠들어 댔습니다. 뒤늦게 이 사실을 알게 된 노아는 가나안을 저주했습니다.

> 노아가 술이 깨어 그의 작은 아들이 자기에게 행한 일을 알고 이에 이르되 가나안은 저주를 받아 그의 형제의 종들의 종이 되기를 원하노라 하고(창 9:24~25)

아버지 함의 죄 때문에 아들 가나안이 저주를 받았습니다. 이

밖에 아비의 죄 때문에 아들이 형벌을 받는 경우는 출애굽기 20장의 '하나님을 미워하는 자'뿐입니다.

> 그것들에게 절하지 말며 그것들을 섬기지 말라 나 네 하나님 여호와는 질투하는 하나님인즉 나를 미워하는 자의 죄를 갚되 아버지로부터 아들에게로 삼사 대까지 이르게 하거니와(출 20:5)

특별히 가나안이 저주의 대상이 된 것은 후대에 이스라엘이 가나안이 저지른 죄의 심각성을 직접 경험하게 될 것임을 예시한 것이 아닌가 합니다. 그러한 죄에 대한 하나님의 형벌이 얼마나 가혹한지는 능히 짐작할 수 있습니다. 때문에 함의 자손이 저주를 받았다는 사실이 중요한 게 아니라, 죄의 대가가 어떻게 치러지는가를 보여 준다는 데 주목해야 합니다. 믿는 사람이 더욱 거룩해져야 하는 이유를 일깨워 주니 말입니다.

함과 가나안 후손들의 이름을 보면 그들로부터 애굽, 블레셋, 앗수르, 바벨론이 나온 것을 알 수 있습니다(창 10장). 모두 이스라엘의 오랜 숙적들입니다.

방주에서 나온 노아의 아들들로부터 새로운 인류가 시작되었습니다. 그들이 온 땅에 고루 퍼져 민족과 국가를 형성했습니다. 그러나 '하나님의 씨'가 되는 이스라엘을 제외하고 애굽, 블레셋,

앗수르, 바벨론은 모두 멸망했습니다.

그러므로 어느 '씨'인가가 중요합니다. 하나님의 주권적인 선택이 예정되어 있지만 우리는 보지 못하며 또한 알 수도 없습니다. 오직 우리에게 나타내신 복음을 좇아 '다른 씨'의 근원이 되시는 예수 그리스도를 따라가는 수밖에 없습니다.

내가 복음을 전하지 않으면 누가 구원을 얻을 수 있을까요? 구원의 길을 알리는 것이 우리 그리스도인의 사명인 것입니다.

구원의 확신은 정체성에 대한 확신입니다

나는 그리스도의 복음을 받아들여 구원을 받은 자입니다. 중학교 때 교문 앞에 서 있다가 군선교회에서 전도 나온 분들이 나누어 준 신약성경책을 받아들었습니다. 그때 처음으로 말씀을 읽어 봤지요. 크리스마스 때는 TV에서 방영해 준 예수님 영화를 보고서 눈물을 흘리기도 했습니다. 그때는 내가 왜 눈물을 흘리는지도 모른 채 스스로 민망하게 여겼습니다. 이제 와서 보니 하나님의 말씀이 내 영혼을 감동시켰던 것인데 말입니다.

신약성경을 처음 펴 들었을 때 낯선 이름이 길게 이어지는 족보를 보다가 책을 덮었던 기억이 납니다. 그때는 초장부터 왜 그렇게 족보가 끝없이 이어지는지 알 수가 없었지요.

한참 지나고 나서야 성령의 인도하심에 마음을 열게 되었습니다. 말씀을 읽으면서 그 의미를 깨달았고, 기억에 남는 구절들에 자신을 비춰 보기도 했습니다. 그야말로 마음이 새로워지는 기이한 경험이었지요.

내 안에 예수 그리스도의 생명의 '씨'가 뿌려진 것입니다. 그 뒤부터 나는 하나님의 성품에 참예하는 자가 되었습니다. 스스로 신이 되려는 어리석음 대신에 참 인간이자 하나님이신 예수 그리스도의 성품과 인격을 닮아 가려는 소망을 갖게 되었고, 그 소망을 이루고자 말씀을 따라 살게 된 것입니다.

구원의 확신은 정체성에 대한 확신입니다. 우리는 세상을 살아 가려고 믿는 것이 아니라 예수님을 닮아 가려고 믿는 것입니다. 예수님을 닮으면 그분의 능력으로 복음을 전할 수 있는 힘이 생깁니다. 주의 나라가 이 땅 가운데 세워져 예수님이 왕이 되어 통치하실 날을 소망하며, 오늘도 하나님 나라의 백성이라는 나의 정체성을 확인합니다.

기도애 愛

　구원의 방주로 들어가는 것은 오직 전적인 하나님의 은혜로 말미암아 이루어집니다. 그러나 주님과의 동행이 본격적으로 시작되는 때는 오히려 방주를 나온 뒤부터라는 사실을 깨달았습니다. 방주로 들어갈 때의 세상과 방주를 나왔을 때의 세상은 확연히 달랐습니다.

　주님은 항상 다시 시작할 수 있는 기회를 주셨습니다. 수치와 실패와 뿌리깊은 좌절감에 휩싸인 나를 방주 안으로 들게 하시고, 거기서 생명의 구원자이신 주님과 동거하며 마음의 상처를 치유하고 회복케 하셨습니다.

　노아가 그랬던 것처럼, 나도 방주에서 나가 가장 먼저 주님께 향기로운 제물을 드리는 자가 되기를 원합니다. 하나님이 그 향기를 맡으시고, 언약을 기다리는 나에게 소망을 주시길 원합니다. 생명의 언약을 소중히 여기며 살아갈 수 있는 힘을 주시기를 기도합니다.

　나의 삶 속에서 하나님이 창조하신 세계를 다시 살리기 위해 흘리신 주님의 보혈의 은혜를 더욱 깊이 경험하게 하소서!

　생명이 있는 한 기회가 있는 것에 감사하여 절로 눈물이 솟습니다. 감사합니다, 주님!

바벨탑,
교만 때문에 무너지다

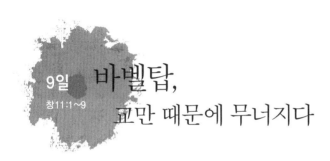

말씀애 愛

또 말하되 자, 성읍과 탑을 건설하여 그 탑 꼭대기를 하늘에 닿게 하여 우리 이름을 내고 온 지면에 흩어짐을 면하자 하였더니 여호와께서 사람들이 건설하는 그 성읍과 탑을 보려고 내려오셨더라(창 11:4~5)

함의 아들 구스가 낳은 니므롯은 '세상에 첫 용사, 여호와 앞에서 용감한 사냥꾼'(창 10:8~9)이라는 별명을 가질 정도로 당시에 유명한 세력가였습니다. 그에게서 앗수르, 블레셋, 바벨론 등이 나와서 이스라엘 민족과 두고두고 충돌했습니다. 노아가 가나안에게 내린 저주를 하나님이 이루신 것입니다. 하나님의 말씀은 이루어지지 않는 것이 없음을 알 수 있습니다.

높은 성을 쌓는 것은 두려움 때문입니다

"온 땅의 언어가 하나요 말이 하나"였던 시절(창 11:1)에 노아의 후손들은 자신들의 성읍과 탑을 건설하기 시작했습니다. 온 지면에 흩어짐을 면하고자 꼭대기가 하늘까지 닿는 바벨탑을 세우려고 했습니다. 여호와 하나님이 그 성읍과 탑을 보려고 내려와 말씀하셨습니다.

> 여호와께서 이르시되 이 무리가 한 족속이요 언어도 하나이므로 이같이 시작하였으니 이 후로는 그 하고자 하는 일을 막을 수 없으리로다 자, 우리가 내려가서 거기서 그들의 언어를 혼잡하게 하여 그들이 서로 알아듣지 못하게 하자 하시고(창 11:6~7)

그리고 말씀하신 대로 거기서 사람들을 온 지면에 흩으셨습니다. 죄로 인해 하나님의 형상이 깨어진 인간들은, 스스로 자신을 보호하고 자기의 나라를 굳건하게 만들고자 하는 교만으로 가득차게 되었습니다. 스스로 왕이 되고자 하는 이들이 곳곳에 많아졌습니다.

이 이야기가 우리에게 주는 메시지는 무엇일까요?

죽음에 대한 공포와 두려움은 생각보다 훨씬 큰 영향력을 행사합니다. 특히 인간의 교만은 죽음을 넘어서는 능력을 스스로 갖고자 하는 데서부터 시작되는 것이 아닌가 합니다.

불로초를 찾아 헤맸다던 진시황처럼 재물을 많이 소유하고, 몸이 강건하고, 명예와 권력을 가지면 가질수록 욕심과 교만도 더욱 커지는 것 같습니다. 세상일의 최종 결정권이 자신에게 있다고 믿고 싶은 것이지요.

그러나 그런 사람들 안에는 하나님이 계시지 않습니다.

바벨탑이 우리에게 시사하는 바가 적지 않습니다. 인본주의, 즉 인간은 하나님께 묻지 않고 스스로 높아진 마음으로 자율적으로 결정하고 행동할 수 있는 존재라는 생각이 신앙이 될 정도로 역사적으로 큰 영향력을 발휘해 온 것입니다.

인본주의는 언어가 하나인 데서부터 비롯되었다고 해도 과언이 아닙니다. 언어가 통합으로써 강력한 연합을 이룰 수 있었기 때문이지요. 덕분에 인간은 자신의 힘을 과시하며 스스로 신적 위치에 오를 수 있었습니다. 자발적으로 우상이 된 것입니다. 이 사태를 해결하시고자 하나님은 세상의 구음을 흩으셨고, 서로 이해 불가능한 상태를 만드셨습니다.

흩으심과 흩어짐은 다릅니다

이처럼 혼잡했던 언어가 마가의 다락방에서 성령의 역사로 인해 하나님의 언어로 회복되는 역사가 있었습니다. 하나님은 인간을 주의 대리자로서 다시 세우시고자 하나님의 나라를 이해하고 깨닫게 하시려고 언어를 회복시키길 원하셨습니다.

성경을 읽고, 설교 말씀을 듣고, 기도하는 과정에서 우리는 자신의 정체성을 발견해 갑니다. 그리스도를 닮아 가야 하는 목적을 발견하고, 주님이 주시는 사명을 감당하기 위해서 성령의 인도하심을 받아야 함을 깨닫습니다. 말씀을 좇아 사는 것이 비전이 되는 것입니다.

그런데 왜 그리스도인이라고 하면서도 주님의 말씀을 따라 사는 것이 이토록 힘겨울까요? 죄의 속성이 얼마나 끈질기면 주님을 따라가는 것이 이렇게 어려운 걸까요?

가장 큰 이유는 다름 아닌 지독한 자기 사랑 때문입니다. 하나님의 의를 잃어버리고 주님의 지혜로운 길을 따라가지 못하게 된 배경에는 하나님과 분리되게 하는 죄가 도사리고 있습니다.

그렇다고 죄를 인격화시켜서는 안 됩니다. 죄는 내가 지은 것이지 죄가 나를 죄짓게 할 수는 없으니까요.

주님이 아니면, 하나로 연합할 수 있는 근거가 우리에게 없습니다. 주님을 떠나서는 모든 것에 이기적일 수밖에 없기 때문입니다.

그래서인지 세상 사람들은 모이기만 하면 흩어지게 마련입니다. 상처 때문에, 아픔 때문에, 의심과 배신 때문에, 갖가지 이유로 인해 헤어지는 일이 허다합니다. 그러나 그리스도인들의 흩어짐에는 목적이 있습니다. 즉, 하나로 연합하기 위해 흩어지는 것입니다. 그리스도 안에서 모두가 하나 되기 위해 복음을 들고 흩어집니다! 모양은 동일할지라도 열매는 정반대인 것이지요.

교회 공동체에서 그리스도인은 주님과의 연합을 배우고, 훈련하며, 시험을 통해서 자라납니다. 그런 과정을 거치면서 세상보다 더 힘든 아픔과 시련과 연단을 겪을 수도 있지만, 결과적으로는 믿음을 아름답게 꽃피워 하나님께 영광의 찬송을 올려 드립니다.

은혜를 알기에 신뢰합니다

하나님에 대해 아무것도 모르던 때에도 나는 신적 존재를 감지했던 것 같습니다. 양심을 통해 어떤 말들이 들렸던 것입니다. 덕분에 내 속에 두 마음이 있음을 일찌감치 알아차렸습니다.

어릴 때, 나는 자신의 유익을 위해 친구들에게 아주 작은 거짓말들을 살짝살짝 했습니다. 그때마다 가슴이 콩닥거렸고, 그런 일이 몇 번 반복되자 더 이상 견디지 못하고 반성하며 마음을 돌이켰습니다.

또 아버지의 의처증으로 인해 폭력 가정에서 보내야 했던 사춘기 시절에는 마음 둘 곳 없이 방황하면서도 끝내 집으로 돌아올 수밖에 없었습니다. 어찌 됐든 사랑하는 내 가족이 있는 곳이 었기 때문입니다.

이렇게 방황과 혼돈 속에 머물렀던 내가 하나님을 만났습니다. 처음에는 하나님에 대해 아는 것이 너무나도 없었기에 하나님을 신뢰하기까지 오랜 시간이 걸렸습니다. 그러나 나의 구원에서 과연 내가 한 일이 있을까 스스로에게 물어보면 대답은 하나입니다. 오직 은혜입니다.

그렇기 때문에 오늘도 나는 이렇게 고백할 수밖에 없습니다.

"나의 길을 인도하시는 하나님을 신뢰합니다!"

기도애 愛

늘 좋은 일만 있었던 것은 아닙니다. 누군가에게 실망하거나 수치심을 느끼기도 했고, 낮은 자존감 때문에 자책하며 스스로를 정죄하기도 했습니다.

그러나 자신을 보호하려고 쌓는 탑은 결국 무너져 내릴 허상에 불과합니다. 하나님이 바벨탑을 쌓아 올리려던 사람들을 흩으셨던 것은 인간의 교만 때문이었지요. 하나님의 형상을 닮은

믿음으로 기도애

인간이 모이기에 힘써서 유익한 것은 오로지 예배와 기도를 위한 모임뿐입니다. 주님이 중심에 안 계시면 인간적인 도모만이 남을 뿐이니까요.

창세기 11장의 바벨탑 이야기를 읽자니 회개가 절로 나옵니다. 많은 사람들과 함께했던 기도 팀이 나의 허물과 실수 때문에, 나의 교만함으로 인해 흩어졌습니다. 그럼에도 배신에 대한 분노와 억울함이 먼저 올라왔습니다. 관계에서 일어나는 문제는 어느 한쪽의 잘못만이 아님을 알면서도 주님이 내 편이 되어 주시기를 바랐습니다. 이런 내 모습을 돌아보며 기도하려니 괴롭기 그지 없습니다. 이 시간, 나의 허물과 죄를 주님 앞에 내려놓습니다. 이 모두가 주님의 손이 이루신 것임을 인정하게 하시고, 흩어지는 것 또한 주님의 손에서 이루어짐을 받아들일 수 있도록 내 마음을 만져 주소서. 마음이 확장되기를 원합니다.

나의 수치와 허물을 참으시고 다시 받아 주시고, 새롭게 해 주시니 주님의 은혜가 내게 족합니다. 새 마음과 새 지식을 주심으로써 나를 이끄시는 주님의 사랑을 찬양합니다. 주님의 '길'에서 복된 마음으로 연합과 일치를 이루어 하나님께 영광과 찬송이 되기를 소망합니다!

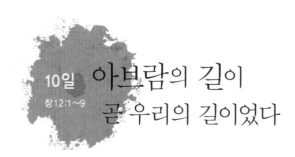

10일 아브람의 길이 곧 우리의 길이었다
창12:1~9

말씀애 愛

> 여호와께서 아브람에게 이르시되 너는 너의 고향과 친척과 아버지
> 의 집을 떠나 내가 네게 보여 줄 땅으로 가라(창 12:1)

말씀을 따라가는 것과 눈에 좋은 것을 따라가는 것은 근본적
으로 다릅니다.

우리는 한 길 가는 순례자들입니다. 하나님은 길을 알지 못할
때에 떠나라고 말씀하십니다. 구약의 사람들은 하나님의 직접적
인 음성을 듣고 떠났지만 우리는 성경 말씀을 따라 떠납니다. 성
경은 우리의 진정한 주인이 누구이며 우리가 무엇으로 살아가야
하는가를 명확히 제시해 줍니다.

하나님은 약속을 이루시는 분입니다

하나님이 아브람을 부르셨습니다. 그의 아비 데라는 하란 땅에 거류했지요. 당시 우르와 하란은 달을 숭배하던 곳입니다. 하란에 있기 전 메소포타미아에 머물 때부터 하나님은 아브람에게 안정된 곳을 떠나 순례의 길을 시작하라고 말씀하셨습니다.

데라는 상업의 도시 하란에서 안정을 찾았을 것입니다. 그곳에 정착했던 것을 보면 알 수 있습니다. 그런데 하나님은 하란에 머물고 있던 아브람에게 나타나 이렇게 약속하셨습니다.

> 내가 너로 큰 민족을 이루고 네게 복을 주어 네 이름을 창대하게 하리니 너는 복이 될지라 너를 축복하는 자에게는 내가 복을 내리고 너를 저주하는 자에게는 내가 저주하리니 땅의 모든 족속이 너로 말미암아 복을 얻을 것이라 하신지라(창 12:2~3)

하나님의 약속은 다음의 일곱 가지로 나눌 수 있습니다.

"내가 너로 큰 민족을 이루게 하겠다."

"네게 복을 주겠다."

"네 이름을 창대케 하겠다."

"너는 복이 될 것이다."

"너를 축복하는 자에게는 내가 복을 내리겠다."

"너를 저주하는 자는 내가 저주하겠다."

"땅의 모든 족속이 너로 인해 복을 얻을 것이다."

이 약속들은 다양한 방법으로 성취되어 갔습니다. 아브라함과 이삭과 야곱의 시대에, 또 모세와 이방 모든 족속들에게서 그 약속들이 실현되었습니다. 아브람은 75세의 나이에도 믿음으로 여호와의 말씀을 따라갔습니다. 자기에게 딸린 식구들을 모두 거느리고, 가진 재산을 모두 정리해서 정처 없이 길을 떠났습니다.

이 땅에서 이방인이요 외인이요 나그네로 사는 것, 이것이 바로 우리의 정체성입니다. 본향에 다다를 때까지는 이러한 삶을 살게 될 것입니다. 그리스도인이란 하나님께 예배드리며 천국을 향해 가는 순례자들인 것입니다.

아브라함의 삶은 믿음의 여정의 축소판입니다

아브람이 세겜에 이르렀을 때 하나님은 "내가 이 땅을 네 자손에게 주리라"(창 12:7) 하고 약속하셨습니다. 그곳이 약속의 땅인 것입니다. 그러나 기근이 심해지자 아브람은 벧엘을 거쳐 애굽까지 내려갔습니다. 아브람이 약속의 땅을 떠날 때 하나님께 여쭈었던가요? 아닙니다. 그럼에도 하나님은 약속의 땅이 아닌 곳에서조차 아브람과 사래를 지키고 보호하셨습니다.

나는 아내를 누이라고 속인 아브람의 이야기를 읽으면서 그의 태도를 이해할 수가 없었습니다. 마치 내 일인 양 거부감이 들어서 하나님과 맞섰습니다.

"아브람만 살면 그만이고, 주님의 약속을 함께 받았던 사래는 왕에게 팔려도 괜찮다는 말씀인가요?"

"어쨌든 아브람만 살리려고 하신 거 아닌가요? 왜 그러셨어요?"

물론 하나님은 아브람과 사래를 모두 지켜 주셨습니다. 그럼에도 하나님에 대한 원망은 좀처럼 가시지 않았습니다.

"처음부터 가지 말라고 하셨으면 좋았잖아요. 그랬다면 이런 일을 겪지 않아도 됐을 텐데요."

그러다 뒤늦게 깨달은 것은, 아브라함이 겪은 일들은 모두 이스라엘이 장차 겪게 될 일들의 축소판이라는 점이었습니다.

가나안에 있던 야곱이 기근 때문에 애굽으로 가게 되었지요. 그 일을 위해서 하나님은 미리 요셉을 예비하셨습니다. 그러나 요셉을 알지 못하는 애굽 왕이 이스라엘을 학대하자, 하나님은 당신의 백성을 자유케 하시기 위해 애굽에 재앙을 내리셨습니다. 결국 애굽은 자신의 소유를 내어 주면서까지 이스라엘을 보내야 했습니다. 우여곡절 끝에 가나안에 도착한 이스라엘이 가장 먼저 한 일은 하나님께 제사를 드리는 것이었습니다.

어떤가요, 딱 아브라함의 이야기가 아닙니까?

누구에게나 아브람의 시절이 있습니다

아브라함은 이스라엘의 진정한 조상임에 틀림없습니다. 그냥 조상이 아니라 모든 열방 가운데 하나님을 믿는 자들의 '믿음의 조상'인 것입니다.

신앙생활을 처음 시작할 즈음에는 하나님께 무엇이든 해 드릴 수 있을 것 같은 마음이 들 때가 있습니다. 신실한 상태라 무엇을 해도 잘못될 일이 없을 것만 같습니다. 그러나 아브라함이 그랬던 것처럼 믿음의 성장에는 시간이 필요한 법입니다.

하나님의 말씀에 믿음으로 반응했던 아브라함을 보십시오. 실수가 없는 완벽한 믿음의 사람은 아니었습니다. 기근이 닥치자 당장 살길을 찾아 애굽으로 내려가지 않았습니까?

그런 그가 믿음의 조상이 될 수 있었던 것은 어떤 상황에서도 자신에게 주신 약속을 잊거나 초점을 잃지 않은 덕분입니다. 하나님이 '씨'를 주겠다고 약속하셨으니 반드시 주실 것이라고 믿었습니다. 물론 하인 엘리에셀이 상속자가 되는 것이 아닐까 고민하기도 하고, 조바심에 쫓겨 스스로 힘써서 이스마엘을 낳기도 했지만 주의 약속을 결코 잊지는 않았던 것입니다.

우리의 신앙 여정도 이와 같습니다. 하나님이 말씀으로 약속해 주신 것들을 붙잡고 나아가면서도 이루어지는 것이 더디면, 스스로 길을 찾든지 아니면 자기 생각에 옳은 것을 하나님의 응답이라고 우기곤 합니다. 그런 일들이 얼마나 허다한가요? 게다가 하나님의 임재 앞에서도 자기도 모르게 불신앙의 모습을 보일 때가 있습니다.

그러나 하나님은 여전히 믿는 자에 대한 기대를 버리지 않고 자라나게 하십니다. 순종하는 믿음을 갖게 하시고, 작은 순종에 대한 큰 축복을 예비해 주십니다. 그래서 신실하게 믿음으로 순종하는 자에게는 하나님의 일을 미리 말씀하심으로써 하나님의 동역자로 삼아 주시는 은혜가 있습니다.

아브라함의 아브람 시절을 보면 나 자신을 보는 것 같습니다. 나의 신앙 여정과 너무나 닮아 있기 때문이지요. 그래서 그가 우리의 '믿음의 조상'인 것입니다.

기도애 愛

나를 부르시는 하나님! 구원은 나의 첫 번째 부르심이었지요. 그러나 믿음으로 응답한 후에 일어난 일들은 나의 상상과는 너무나 동떨어진 것투성이였습니다. 주님이 부르신 일에 응답하면 내게 풍요와 지혜와 능력이 올 줄 알았습니다. 그런데 하나님은 그런 은혜를 담을 수 있는 그릇부터 만들어 가신다는 것을 나중에서야 깨달았습니다.

아브라함은 언약을 믿고 자신의 방법을 총동원해서 주님의 일들을 이루어 갔습니다. 하나님을 잘 알지 못하면 내 방법이 동원될 수밖에 없다는 것을 배웁니다. 여전히 내 노력으로 행할 때가 종종 있지만, 가장 큰 축복은 하나님이 이끌어 가시는 은혜 아래 있음을 되새깁니다.

믿음의 한계는 지혜가 부족하기 때문임을 고백합니다. 아브라함이 아내를 약속의 사람으로 배려하지 못한 것은 그 믿음의 시야가 좁았기 때문입니다. 하나님의 약속이 어떻게 이루어질지 알지 못한 탓입니다. 이런 아브라함처럼, 하나님의 언약을 붙들고 나아가면서도 나를 통해서 무엇을 이루시려는가에만 집중하게 되는 모습을 돌아봅니다. 그러나 이제는 믿음의 공동체를 통해서 어떤 일을 이루어 가시려는가에 대한 비전을 붙들고 나아가겠습니다.

함께 비전을 이룰 사람들에 대한 마음을 주셔서 감사합니다. 주님의 말씀을 들은 자, 주님이 주시는 꿈을 좇는 자로서 그 말씀대로, 꿈대로 따라가야 한다는 믿음을 잃지 않겠습니다. 주님이 주시는 힘과 능력을 기대하며 오늘도 기다립니다.

롯이 떠나야 아브람이 약속의 땅을 본다

말씀애 愛

> 롯이 아브람을 떠난 후에 여호와께서 아브람에게 이르시되 너는 눈을 들어 너 있는 곳에서 북쪽과 남쪽 그리고 동쪽과 서쪽을 바라보라 보이는 땅을 내가 너와 네 자손에게 주리니 영원히 이르리라(창 13:14~15)

아브람과 롯이 벧엘에 이르렀을 때는 이미 소유가 많아져서 함께 지내는 데 문제가 생겼습니다. 가축에게 먹일 물과 목초지가 부족했기 때문에 두 사람의 목자들이 서로 다투게 되었던 것입니다. 이를 보다 못한 아브람은 먼저 롯에게 헤어지자고 제안했습니다.

눈을 들어 보는 것이 다르면 인생이 달라집니다

아브람이 롯에게 헤어지자고 했던 까닭은 목자들이 서로 다투지 않게 하기 위해서였지만 여기에는 또 다른 이유가 있었습니다. 즉, 하나님이 자신에게 약속하셨던 땅으로 떠나고자 하는 마음이 들었던 것입니다. 하나님의 말씀을 따라가는 과정에서 다툼이 일거나 가진 것이 방해가 된다면 그것부터 제거하고 나아가겠다는 믿음의 표현이었을지도 모릅니다.

아브람의 제안을 들은 롯은 눈을 들어 요단 지역을 바라봤습니다. 그는 자기가 보기에 좋은 땅, 즉 물이 넉넉한 곳에 시선이 머물렀습니다. 그 땅은 실로 여호와의 동산 같고 애굽 땅과도 같았습니다(창 13:10). 당연히 롯은 그곳을 선택했습니다.

롯이 떠나자 아브람에게 하나님의 음성이 들려왔습니다. 이 장면을 읽노라면 하나님은 아브람에게만 관심이 있으셨던 것 같아 보입니다.

> 롯이 아브람을 떠난 후에 여호와께서 아브람에게 이르시되 너는 눈을 들어 너 있는 곳에서 북쪽과 남쪽 그리고 동쪽과 서쪽을 바라보라 보이는 땅을 내가 너와 네 자손에게 주리니 영원히 이르리라(창 13:14~15)

이 명령을 따라 아브람은 벧엘에서 장막을 옮겨 헤브론에 있는 마므레 상수리 수풀에 이르러 거주하며 거기서 여호와를 위하여 제단을 쌓았습니다.

사람마다 눈을 들어 보는 것이 각각 다릅니다. 롯은 자기가 보기에 좋은 땅을 취했고, 아브람은 하나님의 음성을 따라갔지요. 아브람에게는 오직 여호와 하나님의 약속에 순종하려는 마음만이 있었기 때문입니다.

롯도 아브람과 함께 한길을 갔어야 했습니다. 얼마나 좋은 기회입니까! 아브람의 곁에 있기만 해도 거저 얻는 은혜가 있었을 텐데요. 진정 믿음 없이는 하나님을 기쁘시게 할 수 없다는 생각이 듭니다.

마음은 하나님이 거하시는 처소입니다

아브람은 하나님이 주시는 복 외에는 어떤 것도 스스로 취하려고 하지 않았습니다. 하나님 앞에서의 삶에는 기다림이 있습니다. 그러나 무작정 기다리기란 쉬운 일이 아니지요. 특히 기다림이 어려운 사람들은 인생의 많은 일들을 겪고 난 뒤에야 이를 통해서 얻게 된 것들을 겨우 알아봅니다. 나를 향한 하나님의 사랑이 어떠함을 알게 되기까지 우리는 많은 시간을 주님과 동행하면서 경험해야만 하는 것입니다.

롯은 "여호와 앞에 악하며 큰 죄인"이라고 소문이 났던 소돔 (창 13:13)을 택했지요. 이로 미루어 보아 그는 눈앞에 보이는 유혹과 타협한 사람임을 알 수 있습니다.

"심은 대로 거둔다"는 말이 떠오릅니다. 그 마음에서 나오는 것이 악하다면 열매도 악할 수밖에 없는 것입니다. 마음에서 나오는 것의 근원에 따라서 거두는 열매도 이토록 다릅니다.

죄의 유전을 받아 나면서부터 악한 우리는 세상을 살면서 선한 일보다는 죄짓는 일에 더 익숙해집니다. 구원은 이러한 죄로부터의 구출입니다. 이전의 양심으로부터 새로워지는 것이고, 구습을 쫓는 옛사람으로부터 구출되는 것입니다. 무엇보다 구원이란 하나님으로부터 분리되어 죽을 수밖에 없는 존재로부터의 구출입니다.

하나님이 주시는 선한 것이 아니고서는 내 안에 선한 것을 쌓을 수가 있겠습니까? 하나님과의 관계가 친밀해야 마음에 선한 것을 쌓을 수 있고, 그 쌓인 것에서 다시금 선한 열매를 거둘 수 있습니다.

하나님은 인간의 마음을 자신이 거할 처소로 삼으셨습니다. 내 주하시는 성령님이 내 안에 거하시는 곳, 그 자리가 바로 마음입니다.

세상의 신, 거짓의 아비의 밑에서 살던 우리가 이제는 하나님의 자녀가 되었습니다. 이렇게 신분은 바뀌었지만, 세상의 습관을 버리지 못해서 이전에 익숙했던 습관대로 살며 아버지 하나님에게 온갖 원망과 불평을 쏟아놓기 일쑤입니다. 롯이 그랬던 것처럼 우리도 자기가 보기에 좋은 것을 택하고 맙니다. 끈질긴 이기심 때문입니다.

이런 상태에 놓인 우리는 과연 어떻게 해야 할까요?

우선, 하나님의 선하고 온전하며 기뻐하시는 뜻이 무엇인지 분별해야 합니다.

> 너희는 이 세대를 본받지 말고 오직 마음을 새롭게 함으로 변화를
> 받아 하나님의 선하시고 기뻐하시고 온전하신 뜻이 무엇인지 분별
> 하도록 하라(롬 12:2)

"이 세대를 본받지 말고" 눈을 들어 하나님이 명하신 것을 바라보고 그대로 순종하여 하나님이 기뻐하시는 사람이 되어야 합니다.

예배는 하나님과 동행하는 최고의 수단입니다

함께 있을 때에는 몰랐다가 떠난 후에야 그가 복된 사람이었음을 아는 경우가 종종 있습니다. 롯에게 아브람이 바로 그랬습

니다.

　그러나 롯은 아브람에게 복된 사람이 되지 못했습니다. 하나님은 아브람이 롯을 떠나보낸 후에야 약속의 땅을 보여 주셨습니다. 롯은 약속의 땅을 함께 얻을 수 없게 되었습니다.

　이윽고 아브람은 자신의 장막을 친 곳에서 하나님께 제단을 쌓고 예배를 드렸습니다.

　예배하는 자, 아브람을 보십시오. 우선순위는 참으로 중요합니다. 하나님께 예배드리는 것을 최우선으로 생각하는 것이야말로 하나님과 동행하는 최고의 수단입니다. 하나님의 임재와 현존은 거룩한 지혜로써 세상을 이기게 하는 능력입니다.

기도애 🕊

나의 눈은 너무나도 감각적이고 현실적인 데 사로잡혀 있습니다. 게다가 눈으로 확인한 것들만 믿고 살아왔기 때문에 늘 증거가 눈앞에 또렷하게 보이기를 원합니다. 그런데 하나님은 보이지 않는 증거를 믿으라고 말씀하십니다(히 11:1). 세상의 가치관을 떨쳐내지 못한 나는 롯처럼 눈에 보이는 좋은 것들을 선택하곤 합니다. 이렇듯 말씀보다 눈의 확인이 더 중요할 때가 있었음을 고백합니다. 그런데 소유가 많아지면 다툼이 일어나게 마련입니다. 소돔은 여호와 앞에 악하며 큰 죄인이었다고 하지만 사람들의 눈에는 매우 매력적으로 보이는 곳이었습니다.

세상 것을 누리고 싶은 생각들이 마음에 차오를 때가 있습니다. 하나님의 간섭이 싫어질 때가 있습니다. 돌아보니 말씀과 떨어져 사람과 상황을 바라볼 때 이런 일이 종종 일어나더군요.

롯은 내 안에 있는 또 하나의 세상이기도 합니다. 롯이 아브람을 떠난 후, 아브람이 하나님의 말씀을 기억하고 헤브론에서 여호와를 위해 제단을 쌓았던 것처럼, 내 안에 있는 또 하나의 세상이 떠나야 제대로 된 예배를 드릴 수 있습니다.

주님이 주실 축복보다는 주님이 주신 약속을 기억하고 세상을 멀리할 수 있도록 성령 충만을 구합니다. 오늘도 은혜와 평강 가운데 오직 주님만을 바라보게 하소서!

하나님은
하갈을 버리셨는가?

말씀애 愛

여호와의 사자가 그에게 이르되 네 여주인에게로 돌아가서 그 수
하에 복종하라(창 16:9)

믿음의 조상인 아브라함도 엄연한 현실 앞에서는 흔들릴 수밖
에 없었습니다. 하나님이 자손을 약속해 주셨지만 아내 사래가 생
물학적으로 출산이 어려운 상태에 놓였기 때문입니다. 그래서 그
는 하나님이 약속하신 자녀를 얻기 위해서 인간적인 방법을 도모
하기에 이릅니다.

사래가 자신의 여종 하갈을 아브람에게 첩으로 준 것입니다. 그
렇게 애쓴 결과 이스마엘이라는 아들을 얻었습니다. 그러나 이스
마엘은 약속의 아이가 아니었습니다.

신실하신 하나님을 기다리지 못하는 게 불신입니다

하나님은 신실하십니다. 한 번 맺은 언약은 반드시 이루시는 분입니다. 그러나 우리는 때때로 조급함에 발을 동동 구를 때가 있습니다. 아브람도 조급함으로 인해 이스마엘을 낳았습니다. 하지만 조급함은 하나님의 신실하심을 믿지 못하는 증거일 뿐입니다.

살다 보면 믿음이 시험대에 오를 때가 있습니다. 그렇다고 하나님이 시험하시는 게 아닙니다. 내면의 죄성이 자초하는 것입니다. 이기심이 차오르고 정욕에 눈이 멀어 공격적이 되는 것은 옛사람의 죄성 때문입니다. 죄성은 하나님 중심의 신앙에서 떠나도록 만듭니다. 하나님이 약속하신 바를 자기 뜻대로 이루려고 안간힘을 쓰게 합니다. 그러나 그 열매를 보면 모든것이 드러납니다.

아브람의 죄성 때문에 태어난 이스마엘은 믿음의 조상 아브람의 가족이 갈라지는 원인이 됩니다. 아이를 갖지 못하는 여주인을 대신해서 아들을 낳은 하갈이 사래를 멸시하면서부터 갈등은 시작되었습니다. 하나님의 언약을 제대로 이해하지 못했던 아브람은 하갈과 이스마엘의 문제를 사래에게 떠맡기는 무력한 모습을 보였습니다. 자신의 몸에서 자녀가 태어나기만 하면 하나님의 언약이 이루어지는 것이라고 생각했던 것입니다. 누구를 통해서든 상관이 없다고 생각했기에 여종 하갈과 동침하여 이스마엘을 얻은 것입니다.

그로부터 십여 년이 지나도록 하나님은 아브람에게 침묵하셨습니다. 하갈이 사래의 학대를 견디다 못해 도망치자 그에게 나타나 다시 여주인에게로 돌아가서 복종하라고 말씀하신 이후 이스마엘이 열세 살이 될 때까지도 아무 말씀이 없으셨습니다.

그러다가 아브람이 아흔아홉 살이 되던 해에, 하나님이 아브람과 다시 언약을 세우셨습니다. 아브람과 사래는 아직 하나님의 전능하심을 볼 수 없었지만 하나님은 사래의 잉태를 약속해 주셨습니다.

> 하나님이 이르시되 아니라 네 아내 사라가 네게 아들을 낳으리니
> 너는 그 이름을 이삭이라 하라 내가 그와 내 언약을 세우리니 그
> 의 후손에게 영원한 언약이 되리라(창 17:19)

하갈도 언약의 백성으로 부르셨습니다

하나님이 약속을 주실 때 우리의 태도는 어떻습니까? 머리로 동의하는 데 그치는 경우가 많지 않나요? 이기적인 탐심을 거룩이나 경건의 모습으로 감추고 있을 때가 많지 않습니까? 스스로에게 속고 마는 것입니다.

> 너희는 말씀을 행하는 자가 되고 듣기만 하여 자신을 속이는 자가

되지 말라(약 1:22)

하나님의 주권은 구원의 문제에서 더욱 빛이 납니다. 의롭다 여길 만한 그 무엇이 있어서가 아니라 전적으로 하나님의 주권적인 은혜로 말미암아 구원받는 것이기 때문입니다.

여전히 이기적이고 정욕에 가득 차 있으며 공격적이기까지 한 나임에도, 내 안에는 죄와 허물이 도사리고 있음에도 구원의 감격을 누릴 수 있는 이유가 바로 여기에 있습니다. 하나님의 독생자 예수 그리스도의 생명이 내 죄와 허물을 대신하여 속량해 주셨기 때문입니다. 그 은혜가 주의 이름을 믿는 자들에게 전적인 자유함을 선물합니다. 이러한 은혜를 알면 알수록 고개를 들 수 없을 정도로 죄로 뒤덮인 자신을 발견하게 됩니다.

죄가 더한 곳에 은혜가 더욱 넘친다고 하던가요? 그렇다고 은혜를 더하기 위해 죄를 지을 수는 없습니다! 예수님의 죽으심으로 말미암아 우리의 옛사람은 죄에 대하여 이미 죽은 자가 되었습니다. 이 사실을 믿는다면 죽은 자 가운데서 살아나신 예수님과 함께 우리 또한 다시 사는 은혜가 얼마나 족한지를 알게 될 것입니다(롬 5:20-6:4).

그런데 이스마엘에 대한 하나님의 언약은 선뜻 이해하기가 쉽지 않습니다. 하갈의 고통을 들으셨다는 것은 하갈을 언약의 백성으로 부르셨음을 뜻하니까요.

> 여호와의 사자가 또 그에게 이르되 네가 임신하였은즉 아들을 낳
> 으리니 그 이름을 이스마엘이라 하라 이는 여호와께서 네 고통을
> 들으셨음이니라(창 16:11)

단, 이스마엘은 들나귀처럼 끝없이 전쟁을 하며 살아야만 합니
다. 하나님이 그렇게 말씀하셨기 때문입니다.

> 그가 사람 중에 들나귀 같이 되리니 그의 손이 모든 사람을 치겠
> 고 모든 사람의 손이 그를 칠지며 그가 모든 형제와 대항해서 살
> 리라 하니라(창 16:12)

하나님은 이스마엘의 자손들을 모두 버리기로 하셨던 걸까요?
그건 알 수 없습니다. 다만 분명한 것은, 하나님의 주권은 언제나
공의롭다는 것입니다.

우리가 만일 죄에서 떠나 하나님을 믿기만 하면 하나님은 언제
든지 우리를 언약의 백성으로 받아들이실 준비가 되어 있으십니
다. 생명의 말씀, 즉 복음이 그렇게 증언하고 있습니다. 그래서 우
리는 혹시 버려질 수도 있는 사람들이 구원의 기회를 얻도록 전

도의 문을 넓게 열어야 하는 것입니다.

왜 나의 눈은 하나님의 편보다 약자의 편에 더 쏠릴까요

나는 창세기를 읽는 내내 하나님이 행하신 일들에 대해 누군가를 대신해서 억울해 하는 반응을 보이곤 했습니다. 그러다 왜 나는 항상 억울한 사람의 편에 서서 하나님께 저항하는 마음을 갖는 것인지를 곰곰이 생각해 봤습니다.

나는 어째서 약속의 자녀인 이삭이 아니라 버려진 이스마엘과 자신을 동일시하는 걸까요?

내 어린 시절을 돌아보니 그 이유를 알 것 같았습니다. 좋은 기억보다는 상처받고 슬펐던 기억이 더 많았기 때문입니다. 아버지의 든든함이나 어머니의 따뜻함을 충분히 느껴 보지 못했던 것입니다.

"내 추위를 녹여 줄 온기가 이 세상에는 없단 말인가? 나를 위한 누군가가 한 사람도 없는 것일까?"

이런 절망적인 생각에 휩싸이는 동안 내 안에서 감사는 점점 자취를 감춰 갔습니다. 강퍅해진다는 게 바로 이런 것인지도 모릅니다. 때문에 내 생각의 중심에는 항상 나 자신이 있었습니다. 하나님을 알 만한 것이 있어서 어렴풋이 그분을 기대하기도 했지만 그 기대의 뿌리에는 지독한 자기 사랑이 있었습니다. 자신을 보호하고 뜻을 관철시키기 위해서는 좀처럼 굽힐 줄 몰랐습니다.

그러나 믿음이란 하나님이 하시는 모든 일이 선하고 옳음을 받아들이는 것입니다. 머리로는 동의할 수 있지만 마음으로는 이해할 수 없는 게 하나님의 일입니다. 그래서 가슴과 머리가 충돌합니다.

그런데도 겉으로는 하나님을 높은 곳에 모시고 내면의 충돌과 항변을 숨긴 채로 순종의 태도만을 내보입니다. 하지만 이것은 진정한 순종이 아닙니다. 자신의 뜻을 이루기도 전에 자칫 하나님의 눈 밖에 날 일을 해서는 안 된다고 판단했을 따름입니다. 어디까지나 중요한 것은 내 뜻을 이루는 것이니까요.

아브람이 이스마엘을 낳은 후 아흔아홉 살에 이르러 이삭을 주실 것을 다시 약속하실 때까지 하나님은 침묵하셨습니다. 그가 하나님의 은총을 받았지만 믿음의 삶은 살지 못했기 때문입니다. 하나님께 속해 있으면서도 세상에 속한 자처럼 살았기 때문입니다.

기도에 愛

아브람과 사래는 하나님의 언약을 기억하고 있었지만 자신들의 방법으로 언약을 이루려고 했습니다. 나 또한 그랬습니다. 주님이 주신 언약을 제힘으로 이루어 보려고 이 방법, 저 방법을 써 보기도 했습니다. 그러다 편법은 지름길처럼 보이지만 실은 어리석은 선택일 뿐임을 깨달았습니다. 하나님과 나누지 않고 선택하는 모든 것은 죄성에 근거한 것임을 다시금 고백합니다.

나는 항상 좋은 것을 선택하기를 원하며 하나님이 내 손을 들어 주시기를 바랍니다. 그런데 하나님의 해결 방법은 둘 중 하나를 선택하는 것이 아님을 배웁니다. 하나님이 개입하시는 것은 은혜입니다. 사람이 아무리 실수를 저질러도 하나님 앞에 있으면 언제나 돌아보시고 고통을 덜어 주십니다.

나는 항상 도망가고픈 충동을 가진 자였습니다. 자신 있는 것이 아무것도 없었기에 살림살이에서 도망치고 싶었고, 자녀 양육으로부터 벗어나고 싶었고, 시댁으로부터 숨고 싶었습니다. 그러나 하나님은 하갈에게 말씀하신 것처럼 내게도 언제나 "너의 억울한 현장으로 돌아가라"고 말씀하십니다. 하나님 앞에 머물면서 문제의 본질에 직면하라고 말씀하십니다.

이제 나는 세상에서 버려질 사람이 아님을 압니다. 그래서 감사하고 또 감사합니다. 하나님은 세상 모든 사람들에게 복된 길을 선택할 수 있는 기회를 주셨습니다. 특별히 내게 믿음을 주신 것에 감사를 드립니다. 외롭고 두려울 때, 깊은 고통이 있을 때마다 나는 나의 아버지를 찬양하며 감사를 드립니다.

13일
창 17:1~17

침묵을 깨고
다시 언약을 주시다

말씀애 ❤

> 아브람이 구십구 세 때에 여호와께서 아브람에게 나타나서 그에게
> 이르시되 나는 전능한 하나님이라 너는 내 앞에서 행하여 완전하라
> (창 17:1)

십여 년의 침묵을 깨고 나타나신 하나님은 아브람에게 "너는
내 앞에서 행하여 완전하라"(창 17:1)라고 말씀하셨습니다. 이는
"나와 동행하며 완전하라"는 의미로 해석할 수 있습니다.

하나님이 마치 언약을 일방적으로 이어 가시는 것처럼 보이겠
지만, 사실 하나님의 언약에는 반드시 조건절이 있다는 것을 알
아야 합니다.

아브람에게 주신 약속은 그가 평생 동안 기다려 왔던 숙원 이

상의 것이었습니다. 다만 이를 이루려면 우선 "하나님과 동행하며 완전하라"는 명령에 순종해야 했습니다.

하나님의 언약은 점점 확장됩니다

하나님은 아브람에게 그의 후손들이 땅의 티끌 같이 많아지리라(창 13:16)고 약속하시며, 나아가 땅을 주어 소유로 삼게(창 15:8) 하겠다고 하셨습니다. 그리고 앞으로 어떤 일을 하실지도 미리 알려 주셨습니다. 언약이 점점 확장되는 것입니다.

하나님은 약속하신 언약(창 15:18)을 확증하시고(창 17:2) 또한 체결(창 17:7)하셨습니다.

> 그날에 여호와께서 아브람과 더불어 언약을 세워 이르시되 내가 이 땅을 애굽 강에서부터 그 큰 강 유브라데까지 네 자손에게 주노니 (창 15:18)

> 내가 내 언약을 나와 너 사이에 두어 너를 크게 번성하게 하리라 하시니(창 17:2)

> 내가 내 언약을 나와 너 및 네 대대 후손 사이에 세워서 영원한 언약을 삼고 너와 네 후손의 하나님이 되리라(창 17:7)

이 약속들은 아담과 노아에게 주셨던 약속을 반영합니다.

하나님은 아브람에게 '아브라함'이라는 새 이름을 주시고 그를 하나님의 특별한 종으로 세우셨습니다. 아브람은 '높은 아버지'란 의미였던 반면에 아브라함은 '열국의 아버지'라는 뜻입니다.

하나님의 영광을 가리시는 것도 은혜입니다

이윽고 아브람은 하나님의 언약을 무엇으로 확증해 주실 것인지를 여쭈었습니다.

> 그가 이르되 주 여호와여 내가 이 땅을 소유로 받을 것을 무엇으로 알리이까(창 15:8)

출애굽기에 나오는 모세의 질문도 아브람의 이 질문과 비슷한 맥락입니다.

> 나와 주의 백성이 주의 목전에 은총 입은 줄을 무엇으로 알리이까 주께서 우리와 함께 행하심으로 나와 주의 백성을 천하 만민 중에 구별하심이 아니니이까 여호와께서 모세에게 이르시되 네가 말하는 이 일도 내가 하리니 너는 내 목전에 은총을 입었고 내가 이름으로도 너를 앎이니라 모세가 이르되 원하건대 주의 영광을 내게 보

이소서(출 33:16~18)

역시, 하나님은 아브람과 모세에게 비슷한 답변을 주셨습니다.

여호와께서 그에게 이르시되 나를 위하여 삼 년 된 암소와 삼 년 된
암염소와 삼 년 된 숫양과 산비둘기와 집비둘기 새끼를 가져올지니
라(창 15:9)

내 영광이 지나갈 때에 내가 너를 반석 틈에 두고 내가 지나도록 내
손으로 너를 덮었다가 손을 거두리니 네가 내 등을 볼 것이요 얼굴
은 보지 못하리라(출 33:22~23)

아무도 스스로 하나님 앞에서 완전하게 행할 수 없습니다. 오
직 하나님이 예비하신 구원의 사건을 통해서 반석이신 주님의
몸을 쪼개어 그 틈에 두셔야만 가능한 일이지요.
죄와 허물로 뒤덮인 인간은 하나님의 임재를 감히 맛볼 수 없
는 존재입니다. 그러나 주님이 몸을 쪼개어 핏값을 지불하심으
로, 그 은혜에 기대어 하나님의 영광이 임재하는 것을 맛볼 기회
를 얻었습니다. 오직 은혜로써 하나님의 섭리 가운데 거하는 자
가 된 것입니다.

인생의 불과 같은 연단에도, 바람이 부는 혼돈에도, 지진과 같은 일상 속에서도 하나님은 손으로 덮어 나를 지키고 보호하십니다. 하지만 임재의 시간에 하나님을 볼 수는 없습니다. 그 일들이 모두 지난 후에야 비로소 하나님의 은혜를 깨달을 뿐이지요. 은혜는 스스로 만들어 내는 것이 아니라 하나님이 예비하시는 것이기 때문입니다.

나의 노력보다 하나님의 은혜가 더 큽니다

기도할 때마다 나는 생각했습니다. 깨끗해진 내 마음을 하나님이 보신다면 분명히 응답해 주실 것이라고요. 그래서 하나님 앞에 드리는 기도는 되도록 거룩함으로 구별되게 드리고자 마음에서 두려움이나 세상적인 것들을 스스로 물리치곤 했습니다. 하나님 앞에서 기도하는 시간만큼은 어떤 더러운 것도 묻히지 말아야 한다는 마음으로 조심하고 또 조심했습니다.

물론 주님은 그러한 내 모습까지도 분명히 받아 주셨지만, 시간이 가면 갈수록 나는 자신을 냉정히 돌아보게 되었습니다. 하나님을 기대하기보다는 하나님께 응답 받을 수 있는 사람이 되기 위해 노력해 왔음을 깨달은 것입니다.

그리고 동시에 내가 누리는 이 모든 것이 은혜의 결과임을 다시금 확인했습니다. 나를 구원하고, 새로운 마음을 부어 주시고,

빛의 자녀로서 살게 하신 일, 이 모두가 내 노력으로 된 것이 아니었습니다.

가장 큰 은혜는 기도의 자리로 부르신 것, 그리고 내 안에 순종의 마음을 주신 것입니다. 그렇지 않았다면 나는 지금쯤 어떤 사람이 되었을까요? 상상만 해도 끔찍합니다.

하나님은 기도할 때마다 약속했던 것들을 이루어 가셨습니다. 그때그때마다 내 스스로 필요한 약속을 붙잡았다고 생각했는데, 알고 보니 때를 따라 하나님이 도우신 은혜였습니다.

기도애 💛

하나님 앞에서 완전하게 행한다는 게 무엇인지 오랫동안 궁금했습니다. 그것을 알고자 스스로 법을 만들고는 하나님의 생각을 추측하며 판단한 적도 있었지요. 정작 하나님의 뜻에는 관심이 없었고, 어떻게 하면 하나님의 마음에 들어서 내가 원하는 기도의 응답을 받을 수 있을지에만 골몰했습니다.

하나님은 아브람에게 "나는 전능한 하나님"이라고 계시하셨지요. 주님은 아브람에게 단순한 믿음을 요구하셨습니다. 내게도 주님이 주신 언약의 표징이 있습니다. 바로 '기쁨'이라는 이름의 표식입니다. 하나님의 이름을 믿는 자에게는 헌신과 순종과 섬김을 요청하십니다. 그리고 그 요청에 응답하는 순종의 자녀들을 통하여 하나님은 변함없는 사랑을 보여 주셨습니다.

주님의 은혜를 경험한 내가 주님의 사랑을 내 속에 담기를 원합니다. 하나님이 나를 기다려 주신 만큼 나 또한 변화의 시간들을 끊임없이 가지며 하나님과 동행하기를 소망합니다.

보잘것없던 인생이 하나님의 영원한 기업을 상속받게 되었으니, 그 은혜에 감사를 드립니다. 하나님의 언약에 참예하며 주의 나라와 그 의를 구하는 자가 되겠습니다.

나를 언약의 자리로 초대해 주신 하나님께 진심으로 감사드립니다. 주님, 감사합니다!

14일 하나님은 언약을 주시고 나는 헌신을 드린다

창 17:8~16

말씀애 愛

> 너희 중 남자는 다 할례를 받으라 이것이 나와 너희와 너희 후손 사이에 지킬 내 언약이니라(창 17:10)

하나님은 아브라함에게 '언약의 표징'으로 할례를 요구하셨고, 아브라함은 '헌신의 표'로써 할례를 행했습니다. 오직 여호와 하나님만이 아브라함의 하나님이요, 그분만을 섬기겠다는 맹세의 표식이었습니다. 왕이신 여호와 하나님의 통치를 받기로 결정한 아브라함은 자기 자신과 자신의 후손과 모든 소유를 하나님께 거룩하게 드렸습니다. 할례는 하나님이 언약의 당사자 되심을 표시하는 방식이기도 합니다. 하나님께서는 이런 아브라함의 신앙을 '의'로 여기셨습니다.

할례는 언약과 헌신의 표시입니다

그런데 헌신의 표시인 할례는 동시에 자기 저주 맹세를 상징하기도 합니다. 다시 말해 "만일 내가 여호와를 신뢰하고 순종하지 않으면, 여호와의 칼이 내 양피를 벤 것처럼 나와 내 후손을 벨 것이다"라는 의미를 지닙니다.

> 너희 집에서 난 자든지 너희 돈으로 산 자든지 할례를 받아야 하리니 이에 내 언약이 너희 살에 있어 영원한 언약이 되려니와 할례를 받지 아니한 남자 곧 그 포피를 베지 아니한 자는 백성 중에서 끊어지리니 그가 내 언약을 배반하였음이니라(창 17:13~14)

포피를 베어 피를 흘리는 할례는 언약 백성임을 보증하는 계약서 마지막에 남기는 서명과 같습니다. 더불어 이는 이방인까지 포함하여 나와 관계된 모든 사람들에게 행하는 은혜의 선언이기도 합니다. 이로써 언약을 누리는 사람이라는 표증이 이루어지는 것입니다.

특히 아브라함은 하나님의 말씀에 즉각적으로 순종하여 자신은 물론 자기와 관련된 모든 남자들을 데려다가 할례를 받게 했습니다.

그 집의 모든 남자 곧 집에서 태어난 자와 돈으로 이방 사람에게서

사온 자가 다 그와 함께 할례를 받았더라(창 17:27)

하나님은 이런 그의 믿음을 의로 여기셨습니다. 이로써 아브라함은 실로 믿음의 조상이 될 수 있었습니다.

그가 할례의 표를 받은 것은 무할례시에 믿음으로 된 의를 인친 것

이니 이는 무할례자로서 믿는 모든 자의 조상이 되어 그들도 의로

여기심을 얻게 하려 하심이라(롬 4:11)

하나님은 아브라함에게 할례를 명하신 후 곧바로 아내 사래의 이름을 바꿔 주셨습니다. 아브람을 '열국의 아버지'라는 뜻의 아브라함으로 바꿔 주셨듯이, 사래를 '사라'로 바꾸신 것입니다. 사래와 사라 모두 '공주'라는 뜻입니다. 하나님이 새로운 이름을 주신 것은 사라가 '민족과 열왕의 어머니'가 될 것이며 이로써 하나님의 목적이 이루어질 것임을 강조하기 위해서입니다. 이 언약은 장차 태어날 이삭을 통해서 성취됩니다.

그런데 아들을 낳을 것이라는 하나님의 말씀에 사라가 잠시나마 불신앙을 나타냈습니다.

사라가 속으로 웃고 이르되 내가 노쇠하였고 내 주인도 늙었으니 내게 무슨 즐거움이 있으리요 여호와께서 아브라함에게 이르시되 사라가 왜 웃으며 이르기를 내가 늙었거늘 어떻게 아들을 낳으리요 하느냐 여호와께 능하지 못한 일이 있겠느냐 기한이 이를 때에 내가 네게로 돌아오리니 사라에게 아들이 있으리라 사라가 두려워서 부인하여 이르되 내가 웃지 아니하였나이다 이르시되 아니라 네가 웃었느니라 (창 18:12~15)

생물학적으로 아이를 낳을 수가 없었기 때문입니다. 이미 경수가 끊어진 여든아홉 살 할머니인데 어찌 아이를 낳을 수 있겠습니까? 아무리 하나님을 신뢰한다고 해도 사라는 자신에게 그런 일이 일어나리라고는 상상조차 할 수가 없었던 것입니다.

아브라함도 마찬가지였습니다. 후손을 주시겠다는 하나님의 약속을 믿었지만 사라를 통해서 주시리라고는 생각하지 못했습니다. 그런 그에게 하나님이 분명히 말씀해 주셨습니다.

하나님이 이르시되 아니라 네 아내 사라가 네게 아들을 낳으리니 너는 그 이름을 이삭이라 하라 내가 그와 내 언약을 세우리니 그의 후손에게 영원한 언약이 되리라 (창 17:19)

이삭을 통해서 언약을 성취하겠다는 말씀은 이스마엘을 버리시겠다는 뜻이 아니라 하나님의 주권을 이삭을 통해서 행사하시겠다는 의미입니다. 이 말씀대로, 다른 사람이 아닌 사라가 약속의 자녀 이삭을 낳았습니다. 하나님은 언약하신 바를 반드시 이루시는 분입니다.

내가 드릴 것은 마음의 할례입니다

아브라함은 헌신의 표로 할례를 드렸는데, 나는 하나님 앞에 무엇으로 헌신을 표할 수 있을까 생각해 봤습니다. 내가 드릴 수 있는 것은 '마음의 할례'입니다.

그러나 이조차 감당하기가 쉽지 않았습니다. 마음먹으면 할 수 있을 것이라고 생각했던 일들도 중도에 포기하거나 실패하는 경우가 많았습니다.

하나님의 약속을 기다리면서도 정작 하나님이 이루실 것이라는 믿음에는 반응하지 않았습니다. 나의 연약한 믿음은 고난 가운데 상황을 바라보는 불신앙으로 변하기 쉬웠습니다.

혈연으로 묶인 가족이 아닌 믿음으로 묶인 공동체를 갖는 것은 또 얼마나 힘든 일이던지요. 시댁에서 가족들과 시간을 보내면서 몸에 밴 습관을 그대로 지닌 채로 나는 교회 공동체로 들어갔습니다. 처음엔 부족할 수밖에 없었습니다. 그러다 서로를 알아가며 배려하고 나누는 일을 자연스럽게 배우기 시작했습니다. 하지만 머잖아 깨달았습니다. 모두들 겉보기에는 어른 같지만 실제로는 어린아이들과 다름없다는 사실을 말입니다.

할례받지 못한 마음들이 서로 부딪히기 시작했습니다. 하나님의 말씀을 듣고 읽어도 삶에는 아무런 영향을 주지 못했습니다. 그러면서 각자의 이기심이 고개를 들었는데, 이는 인도자인 나도 예외가 아니었습니다. 하나님의 일을 하기 위해 영적인 권위를 내세워 팀원들을 다그치기 일쑤였습니다. 사람들을 돌보는 일보다는 하나님을 위한 일이라는 명목 하에 사역을 해치우고자 했던 것입니다.

당시에는 하나님에 대한 열정으로 비전을 이루는 사역만이 최고라고 생각했습니다. 이 일을 이루기 위해 사람들이 필요해서 동원했던 것입니다. 팀원들 역시 하나님을 위한 일에 동참하는 것이 당연하다고, 그것이 믿음의 반응이라고 스스로 합리화시켰습니다.

그러나 정작 하나님 앞에 머물 시간은 부족했습니다. 일을 하느라 하나님께 돌봄을 받을 시간이 없었던 것입니다. 상황이 이런데도 팀원들은 하나님께 순종하는 마음으로 결단하면서 힘든 마음을 겨우겨우 달래가며 사역에 동참해 주었습니다.

그때 일을 생각하면 지금도 얼굴이 화끈 달아오릅니다. 믿음에

비해 버거운 일들을 맡아서 팀원들을 사려 깊게 헤아릴 여유가 없었던 탓입니다.

아이를 키우면서 엄마도 같이 성장한다는 말이 있지요. 미숙한 상태에서 처음 시작한 소그룹에서는 마치 첫 아이를 낳아 키우는 것처럼 좌충우돌하는 과정이 있기 마련입니다.

그렇게 공동체 안에서 부대끼며 생활하다 보니, 서로의 인생이 그리 다르지 않다는 것을 알게 되었습니다. 그렇게 서로가 서로를 긍휼히 여기게 되었고, 있는 모습 그대로 함께 가는 법을 배워 나갔습니다. 진정으로 마음의 눈을 밝혀 주는 할례가 시작된 것입니다. 이후로도 마음의 할례는 계속해서 일어났습니다. 그것은 더 깊이, 더 넓게, 더 높게 진행되었습니다.

하나님의 주권을 인정하면 해석됩니다

하지만 여전히 한 가지 의문이 가시지 않았습니다.

"하나님은 왜 선택받은 자들과 그렇지 않은 자들을 정해 놓으셨을까?"

하나님의 주권을 인정한다는 것이 무엇인지 몰랐던 나로서는 하나님을 내 수준으로 끌어내려 판단하려고 했습니다. 그러니 도무지 이해할 수가 없었던 것이지요.

인간을 왜 만드셨는지, 왜 죄를 짓도록 그냥 놔두셨는지, 그리고 왜 버리셨으며 또 어째서 가장 귀한 독생자를 내어 주어 십자가에 죽게 하셨는지…. 도무지 알 수 없는 것투성이었습니다. 생각과 이성을 통해서 하나님을 이해하려 했지만 결국 한계에 부딪혀 하나님을 마치 괴물 같이 그리게 되었습니다.

성령님의 도움 없이는 결코 하나님께 다가갈 수 없습니다. 이윽고 그리스도를 증거하시는 진리의 영이신 성령님이 모든 의문을 파해 주기 시작하셨습니다. 기도할 때마다 말씀을 해석해 주시고, 각 상황에서 역사하시는 하나님을 경험하게 하셨습니다.

성령님의 인도하심을 따라 내가 제자리로 가까이 가면 갈수록 마음속에서 하나님의 주권을 인정하는 것이 가능해졌습니다.

주변에서 일어나는 일들이 모두 해석되므로 평안한 것이 아니라 하나님의 주권을 인정하고 주님의 행하실 일들을 기대하며 소망할 때 진정한 평안이 있다는 것을 알았습니다.

"아! 그렇구나! 나의 일상이 곧 하나님의 시간이고 하나님의 공간이구나!"

이것을 인정한 후로는 일어나는 모든 일들이 하나님의 선물처럼 느껴졌습니다. 결혼 주례사에 흔히 나오는 "비가 오나 눈이 오나, 괴로울 때나 슬플 때나, 언제든지 함께하라"는 말처럼 실제로 하나님이 나와 함께하시며 모든 일을 이끌어 가심을 알게 되었습니다. 예수님은 이 선물을 내게 주시려고 오신 것이었습니다.

그러므로 하나님의 언약을 신실하게 지키며 인도하시는 대로 겸손하게 따라가면 됩니다. 하나님은 우리의 행복을 지키고 보호하시는 아빠 아버지이시기 때문입니다.

지금도 여전히 나는 자신과 치열하게 싸웁니다. 마음의 할례는 날마다의 헌신을 뜻한다는 것을 알기에 아침 일찍 일어나 하나님의 말씀을 묵상하고, 그 말씀을 온종일 읊조리며, 좌로나 우로나 치우치지 않고 주님을 향한 얼굴이 세상을 향하지 않도록 스스로를 경계하며 기도의 자리에 앉습니다.

기도애 愛

나는 중학교 때 처음 교회에 나와 예배를 드렸습니다. 그러나 말씀이 깊이 이해되고 마음에 와 닿기 시작한 것은 결혼을 하고 자식을 키우면서부터였습니다. 이로써 굳은 마음이 부드러워지는 것을 경험하며 새로운 마음으로 상황을 극복할 수 있는 힘을 얻었지만, 성경을 읽고 신앙생활을 한다고 해서 모든 문제가 다 해결되는 것은 아니었습니다. 하나님의 주권적인 역사를 입으로는 시인하면서도 마음으로부터 우러나와 인정하고 믿음으로 받아들이기까지는 꽤 오랜 시간이 걸렸습니다. 그렇게 할 수 있도록 삶의 많은 경험을 주신 주님께 감사합니다.

전에는 무조건 참으면 되는 줄 알았습니다. 그러나 의지적으로 인내하는 것과 하나님으로 인해 인내할 수 있는 것이 천지 차이임을 이제는 잘 압니다. 하나님의 마음이 부어져서 상황이 이해되면 저절로 인내할 수 있다는 것을 깨달았습니다.

아브라함이 하나님의 언약을 믿고 따르기까지 기다리셨던 하나님께서 나를 사랑으로 기다려 주시니 감사합니다. 나도 주님의 사랑을 마음에 담고 기다려 보겠습니다.

신앙의 공동체를 주신 하나님! 성령님의 내주하심으로 거룩한 백성의 모임을 허락하신 하나님! 이제 하나님의 언약을 누리는 사람으로 살아가겠습니다.

15일 가장 소중한 것을 드려도
창22:1~14 손해 보는 것은 없다

말씀애 愛

그 일 후에 하나님이 아브라함을 시험하시려고 그를 부르시되 아브라함아 하시니 그가 이르되 내가 여기 있나이다 여호와께서 이르시되 네 아들 네 사랑하는 독자 이삭을 데리고 모리아 땅으로 가서 내가 네게 일러 준 한 산 거기서 그를 번제로 드리라(창 22:1~2)

아브라함은 하나님으로부터 일생일대의 시험을 받았습니다. 독자 이삭을 모리아 땅으로 데려다가 번제로 드리라는 명령을 받은 것입니다. 참으로 고통스럽고 참혹한 명령입니다. 생각만 해도 소름이 끼칩니다. 그럼에도 불구하고 아브라함은 두말없이 순종했습니다. 도대체 그는 어떤 믿음으로 이처럼 가혹한 명령에 순종할 수 있었을까요?

믿음은 상상이 아닌 현실의 문제입니다

세상은 언제나 온갖 시빗거리로 조용할 날이 없습니다. 구약시대도 예외는 아니었지요.

그랄 왕 아비멜렉의 종들이 아브라함의 우물을 빼앗아서 아브라함이 아비멜렉을 책망한 일이 있었습니다. 그 일로 인해 둘 사이에 언약이 세워졌는데, 아브라함이 일곱 암양 새끼를 따로 놓아 우물 판 증거를 삼고 서로 맹세하여 그곳을 '브엘세바'라고 불렀으니 '언약의 우물', '일곱 우물'이란 뜻입니다. 아비멜렉이 돌아간 후에 아브라함은 브엘세바에 에셀 나무를 심고 거기서 영원하신 여호와의 이름을 불렀습니다.

이 일은 아브라함이 척박한 세상과 같은 블레셋의 땅에서 축복의 통로가 되는 계기가 되었습니다.

그런데 바로 이 일이 있은 직후에 하나님은 아브라함에게 이삭을 번제로 바치라고 명령하셨습니다. 아브라함은 아브람 시절부터 그때까지 하나님과 동행하면서 믿음이 점점 더 커지는 경험을 해왔습니다. 이제 그가 진정으로 믿음의 조상이 될 수 있는지 증명될 것입니다.

하나님이 함께하신다는 믿음은 이전엔 감당할 수 없던 일들을 감당하게 되는 능력입니다. 직접 체험하기 전까지는 알 수 없는 능력이지요. 하나님을 믿는다고 하면서도 믿음의 선진들이 행했던 순종이 나와는 상관없는 것처럼 느껴질 때가 많지 않습니까?
미래가 보장된다면 지금 가지고 있는 것을 내려놓기가 한결
쉽습니다. 하지만 반대의 경우는 어떠한가요. 결코 쉽지 않습니
다. 보이지 않는 무언가를 믿고 그대로 따라가는 것은 상상의 영
역이 아닌 현실에서 감당해야 하는 문제이니까요.

왜 내게 이토록 가혹하십니까

내게도 이런 시험이 있었습니다.

초등학교 때부터 일찌감치 미술에 뜻을 두었던 딸아이가 예술
중학교 입학 시험을 치렀는데 낙방하고 말았습니다. 열악한 환
경에도 불구하고 열심히 준비했고 자신감도 있었던 터라 그 실
망감은 이루 말할 수가 없었습니다. 아이가 큰아빠가 계시는 호
주로 유학 보내 달라고 엉엉 울어 댔습니다. 일가친척이 모여 회
의를 열었고 긴 의논 끝에 딸아이의 유학을 결정했습니다.

어린 딸아이를 데려다 주기 위해 함께 호주로 향했습니다. 겉
으로 표현하지는 않았지만 어미의 가슴은 텅 비어 무어라 표현
할 수 없는 공허감으로 아파 왔습니다. 그런 엄마의 마음을 아는
지 모르는지 홀로 남을 딸아이가 천진한 얼굴로 내게 손을 흔들
었습니다. 혼자 돌아오는 비행기 안에서 뜨거운 눈물을 얼마나
삼켰는지 모릅니다.

그러나 귀국 후에는 더 많은 눈물을 흘려야 했습니다. 들려오는 소식마다 가슴 졸이는 것투성이었으니까요. 비행기를 타기 전에 아이의 손에 300불을 쥐어 주며 꼭 필요한 데에 쓰라고 신신당부했었는데, 현지 어학원에 들어가자마자 고학년 아이들과 어울리며 돈을 쓰질 않나 수업도 빼먹고 해변으로 놀러 다닌다는 말이 들려온 것입니다. 당장 가 볼 수도 없는 상황이라 불안과 염려로 시름시름 앓을 뿐이었습니다.

갈 곳은 교회밖에 없었습니다. 성전에 들어설 때마다 꾹 참았던 눈물이 봇물 터지듯 터져 나왔지요.

"하나님! 너무하십니다. 지금껏 기도한 게 다 물거품에 지나지 않았단 말입니까? 내 자식들만큼은 나처럼 살게 하지 않으려고 그렇게 열심히 기도했건만 어떻게 이러실 수가 있어요? 누가 나한테 그 정도로 애원하면 들어줬을 거예요. 그런데 어째서 내게는 이토록 가혹하십니까?"

빈 마음과 빈 그릇을 높이 드십시오

거의 삿대질하듯 기도로 하나님께 쏘아붙였습니다. 그렇게 한참을 해대고 나자 고요해진 마음속에서 하나님의 음성이 들려왔습니다. 첫 두 글자만 들어도 무슨 말씀인지 금세 알아차릴 수 있었습니다.

"아브라함…."

아브라함이 이삭을 드렸던 것을 떠올리라는 말씀이었지요. 하지만 선뜻 순종하고 싶은 마음이 생기질 않았습니다. 오히려 다시금 온 힘을 다해 대들기 시작했습니다.

"내가 아브라함입니까? 난 아브라함이 아닙니다! 뭔가 대단히 착각을 하셨나 봅니다!"

내 자신이 무슨 소리를 하는지도 모른 채 한참 동안 울부짖었습니다. 온몸에 진이 다 빠져 나갈 때쯤 하나님의 음성이 다시 한 번 나를 뜨겁게 휘감았습니다.

"번제할 양은 내가 이미 준비했단다. 염려하지 마라! 네 딸은 내가 지킨다."

많이 듣던 말씀이었습니다. 전혀 특별할 게 없었습니다. 그런데도 신기하게 그 말씀이 마음속 깊이 메아리치며 그대로 믿어졌습니다. 눈물이 와락 쏟아졌습니다.

그동안 하나님을 믿지 못했던 자신을 발견했습니다. 고개를 끄덕이면서도 온전히 믿지는 못했던 것입니다. 그런데 바로 그날, 주님 앞에서 울부짖던 그날에 나는 하나님을 전적으로 신뢰한다는 것이 무엇인지 비로소 깨달았습니다. 그 다음에는 믿음으로 기다리는 법을 체득해야 했지요.

1년 6개월 후 딸아이는 다시 가족의 품으로 돌아왔습니다. 그리고 하나님께서는 약속을 이루어 가셨습니다. 다만 시간이 걸렸을 뿐입니다. 딸이 고2가 돼서야 모든 것이 회복되었지요. 그러나 기다림의 시간은 전혀 지루하지 않았습니다. 오히려 꼭 필요한 시간이었습니다. 그 사이에 나와 딸아이는 사랑을 나누는 관계가 되어 있었으니까요.

딸아이를 통해 우리 모녀는 여호와의 산에서 준비되는 여호와 이레의 축복을 경험할 수 있었습니다. 이 일을 통해 주님은 전혀 준비되지 않은 자를 불러 믿음의 사람으로 자라나게 하시며 빈 마음과 빈 그릇을 하늘의 신령한 것으로 채우고 기쁨을 주시는 분이라는 것을 배웠습니다. 그리고 복의 근원됨은 순종의 삶을 통해 드러난다는 것도 배울 수 있었습니다.

'오늘 내 삶에서 가장 소중한 것이 무엇인가?' 하고 자문해 봅니다. 어제까지는 나 자신이 온 자리를 차지했지만, 이제까지는 주님의 구원의 은혜가 큰 자리를 차지함을 발견합니다. 또한 주께서 원하시는 것은 거창한 결심이 아니라 진정한 마음이라는 것도 깨달아 압니다.

나의 좁은 마음과 이기심을 내려놓기를 원합니다. 내가 하는 사역, 나의 모든 물질, 열정의 방향이 항상 주님께 맞춰지기를 원합니다. 상한 마음을 치료하시는 주님! 이전의 상처로 인해 일어나는 눈앞의 일들이 주님의 영광을 가리지 않기를 원합니다. 사람들에게 받은 상처는 달갑잖은 여러 결과물을 냅니다. 방어와 거절, 분노와 성냄…. 한때나마 이것들을 품었음을 회개합니다. 다시는 이런 죄의 권세를 받아들이지 않게 힘과 능력을 주소서.

아브라함이 이삭을 드릴 때의 믿음처럼 나의 가장 소중한 것을 주님께 드려 거룩한 산 제물이 되는 일을 경험하게 하소서. 내게 주어진 모든 것을 아끼지 않음을 보시고, 자손 대대로 이 믿음을 지켜 가는 다음 세대의 축복이 있게 하시기를 기도합니다.

16일
창 26장

사이에 끼인 이야기

말씀애 愛

여호와께서 이삭에게 나타나 이르시되 애굽으로 내려가지 말고 내가 네게 지시하는 땅에 거주하라 이 땅에 거류하면 내가 너와 함께 있어 네게 복을 주고 내가 이 모든 땅을 너와 네 자손에게 주리라 내가 네 아버지 아브라함에게 맹세한 것을 이루어 네 자손을 하늘의 별과 같이 번성하게 하며 이 모든 땅을 네 자손에게 주리니 네 자손으로 말미암아 천하 만민이 복을 받으리라 이는 아브라함이 내 말을 순종하고 내 명령과 내 계명과 내 율례와 내 법도를 지켰음이라 하시니라(창 26:2~5)

야곱이 떡과 팥죽으로 에서에게서 장자권을 사들인 이야기 그리고 눈이 어두워진 이삭을 속여 야곱이 에서의 장자의 축복을 가로채는 이야기 사이에는 조금 엉뚱한 이야기가 샌드위치처럼 끼어 있습니다.

흉년이 들자 이삭이 그랄로 가서 블레셋의 왕 아비멜렉에게 이르렀습니다. 예전에 아브라함이 그랬던 것과 비슷한 상황에 놓였습니다. 그러나 이삭은 아브라함과 달랐습니다. 하나님이 그에게 "애굽으로 내려가지 말고 내가 네게 지시하는 땅에 거주하라"라고 미리 말씀해 주신 것입니다.

이삭이 특별하고 대단한 인물이어서가 아니라 아브라함의 순종의 결과로 아들 이삭의 운명이 달라졌던 것입니다. 하나님이 직접적으로 개입하신 것을 보면 알 수 있습니다.

아버지의 순종으로 아들이 은혜를 입습니다

믿음의 사람이라고 늘 형통한 것은 아닙니다. 때로는 힘들고 어려워 두려움에 사로잡힌 채 세상을 바라보기도 하지요. 세상이 두려운 나머지 하나님께 불순종하는 일도 있습니다. 인간이란 너무도 쉽게 두려움에 사로잡히고 마는 지극히 약한 존재일 뿐입니다.

하지만 그럼에도 불구하고 주님은 늘 은혜로 다가오십니다. 믿음의 사람들에게는 하나님의 간섭하심이 있습니다. 세상 사람은 체험할 수 없는 그리스도인의 소중한 특권이자 기회입니다.

그렇다고 하나님의 간섭하심이 늘 좋기만 한 것은 아닙니다. 기근이나 갑작스런 사고나 죽음 등으로 간섭하실 때도 있기 때문이지요.

이삭이 겪었던 가나안 땅의 기근이 그랬습니다. 애굽에 내려가지 말고 지시하시는 땅에 머물라는 하나님의 명령을 받은 이삭이 어떻게 했습니까? 말씀대로 애굽으로 향하지 않았습니다. 동시에 약속의 땅에 머물지 않음으로써 말씀을 어겼습니다. 그로 말미암아 그는 아비 아브라함과 동일한 실수를 저지르게 되었습니다.

> 이삭이 그랄에 거주하였더니 그 곳 사람들이 그의 아내에 대하여 물으매 그가 말하기를 그는 내 누이라 하였으니 리브가는 보기에 아리따우므로 그 곳 백성이 리브가로 말미암아 자기를 죽일까 하여 그는 내 아내라 하기를 두려워함이었더라(창 26:6~7)

아버지의 연약함이 아들에게도 고스란히 전해졌습니다. 이삭이 애굽으로 내려가기 전에 하나님이 내려가지 말라고 말씀해주신 것만 빼면 꼭 닮은꼴의 이야기입니다.

상황과 환경에 떠밀리는 것과 하나님의 주권적인 간섭하심으로 은혜를 경험하는 것은 분명히 다릅니다. 전자가 아브라함의 경험이라면 후자는 이삭의 경험이지요. 이삭은 간섭하심의 은혜를 입었습니다. 다만 그의 은혜는 오직 아브라함의 순종의 열매로서, 하나님이 주권적으로 주신 것입니다.

그곳에서 이삭은 상상할 수 없는 은혜를 누립니다.

> 이삭이 그 땅에서 농사하여 그 해에 백 배나 얻었고 여호와께서 복을 주시므로 그 사람이 창대하고 왕성하여 마침내 거부가 되어(창 26:12~13)

그런데 하나님의 은혜로 승승장구하면 주변에서 시기와 질투가 몰려오듯이 그에게도 그런 일들이 벌어졌습니다. 블레셋의 왕이 이삭에게 우물에 대한 권리를 주장해 온 것입니다. 내게는 큰 은혜가 다른 사람들에게는 상대적인 박탈감을 주기도 하기 때문이죠.

> 양과 소가 떼를 이루고 종이 심히 많으므로 블레셋 사람이 그를 시기하여 그 아버지 아브라함 때에 그 아버지의 종들이 판 모든 우물을 막고 흙으로 메웠더라 아비멜렉이 이삭에게 이르되 네가 우리보다 크게 강성한즉 우리를 떠나라(창 26:14~16)

이때 이삭이 어떻게 했습니까? 그는 잠잠히 자신의 권리를 포기합니다. 하나님이 머물라고 명하신 땅에서 순순히 물러납니다. 그러고는 그랄의 골짜기에 장막을 치고서 아브라함 때 팠던 우물들을 다시 팝니다. 블레셋의 사람들이 메워 버린 그 우물들입니다. 어디를 가든지 이삭은 우물을 파는 데 성공했습니다. 그러자 블레셋 사람들이 마침내 그에게 내려진 여호와의 축복을 인정하기에 이르렀습니다.

반전의 은혜가 나를 살립니다

이삭이 그랄의 목자들과 부딪혀 싸우지 않고 조용히 옮겨 다닌 이유가 무엇입니까? 다투지 않겠노라 스스로 다짐했기 때문입니다. 분노하고 대적하기보다는 눈앞의 권리를 포기하는 편을 선택한 것입니다. 이것은 거룩한 단념입니다.

그러나 예전의 이삭은 죽음에 대한 두려움 때문에 리브가를 누이라고 속였습니다. 하지만 오히려 이것을 기회 삼아 이삭과 리브가는 이방 땅에서 하나님의 은혜를 체험하며 아비멜렉 왕의 보호를 받게 되었습니다(창 26:8~11). 그리고 어디서든 물의 근원을 찾는 축복을 누렸습니다.

이렇게 반전의 은혜가 있는 이야기를 묵상할 때마다 그동안 내가 하나님께 드려 온 반쪽의 순종을 돌아봅니다. 두려움이든 자신감이든 나를 앞세운 어떤 것이 드러난다면 그것은 이미 하나님의 길에서 벗어난 것입니다. 과거에 성공했던 방식이라도 자신의 것을 주장하는 것은 무엇이든 그렇습니다.

고백하건대 나의 옛 자아는 거짓말이 됐든 위선이 됐든 세상에서 똑똑하다는 방식을 거리낌 없이 사용했었습니다. 그러나 주님을 만나고 나서는 진리만을 말하겠다는 신념을 갖게 되었지요. 그 덕분에 오히려 관계의 어려움을 겪기도 했습니다. 진리는 타협하는 게 아니라며 고집스럽게 밀어붙이는 바람에 함께 사역하는 많은 분들에게 상처를 주었습니다. 진리를 지키기 위해 늘 긴장하느라 주님의 인격으로 부드러운 영성을 가질 여유가 없었기 때문입니다. 당시 나에게는 그것이 최선이었습니다.

하지만 놀라운 것은 나의 실수와 잘못을 하나님이 은혜로 덮어 주시고 축복으로 반전시켜 주셨다는 것입니다. 기도가 없었다면 알지 못했을 은혜입니다. 내 인생의 주도권은 오직 하나님께 있다는 것을 새삼 확인합니다.

거짓이 거짓을 낳는 것을 막으려면 기도가 필요합니다

앞서 이 이야기가 에서와 야곱의 이야기 사이에 샌드위치처럼 끼어 있다고 했지요. 어떤 의미가 있는 것일까요?

이삭은 하나님의 말씀대로 살기 위해 애쓰면서 주님이 이루실 계획에 대해 기대하며 나그네처럼 살았습니다. 샘을 빼앗겨도 성내지 않았습니다. 그는 자신의 정체성을 망각하지 않고 하나님을 예배하는 자로서 복 있는 사람으로 살아갔습니다.

그러나 그에게도 고민은 있었습니다.

> 에서가 사십 세에 헷 족속 브에리의 딸 유딧과 헷 족속 엘론의 딸 바스맛을 아내로 맞이하였더니 그들이 이삭과 리브가의 마음에 근심이 되었더라(창 26:34~35)

에서가 이방 여인을 둘씩이나 아내로 맞은 것입니다. 게다가 나이가 들면서 눈이 침침해지더니 영적인 눈마저 흐려졌습니다.

믿음의 공동체인 가족을 세우는 데 있어 가장 큰 축복은 믿음의 유산이지요. 그럼에도 에서와 야곱은 오직 장자권에만 관심이 있었습니다.

자녀는 부모를 닮습니다. 에서와 야곱 역시 그 부모인 이삭과 리브가의 삶에서 영향을 받았을 것입니다. 이삭에게서 아브라함의 모습을 볼 수 있듯이 말입니다.

기억하십시오. 거짓은 거짓을 낳기 마련입니다.

이 이야기는 이삭으로부터 에서와 야곱에게로 흘러간 거짓의 흐름을 보여 주기 위해 들어간 것입니다. 죄를 허용하면, 그 죄는 권세를 가지고 다른 사람들을 오염시키고 하나님과 분리시켜 결국엔 형벌에 이르게 만듭니다.

나는 이 이야기에서 큰 도전을 받습니다. 거룩한 영향력은 오직 예수 그리스도에게만 있습니다. 그러므로 말씀을 주야로 묵상하며 주님을 만나는 임재의 자리에 기도로 머물러야 합니다.

기도의 자리에서 나는 날마다 내 안에 있는 죄와 허물을 발견합니다. 성령님의 회개의 요청이 있는 그곳에서 맑은 물로 씻기고 새로운 양심과 지식을 받음으로써, 믿음의 유업을 자녀들에게 물려줄 수 있는 삶을 살고 싶습니다.

주님이 선물해 주신 생명의 길을 날마다 찾아갑니다. 때로는 하나님을 아는 지식이 없어 어리석은 내 방식을 고집합니다. 주님의 길을 알면서도 다른 길로 향할 때도 있습니다. 어김없이 나를 위한 길을 선택하는 것입니다. 그 헛된 길 위에서 아무 일도 일어나지 않으면 돌이킬 생각조차 하지 않습니다.

오늘의 말씀을 묵상할 때 나에게 주시는 가장 큰 은혜는 침묵하지 않으시는 하나님의 모습입니다. 하나님의 개입하심은 때로 고통스럽고 두렵기까지 합니다. 그러나 분명한 사실은 하나님의 개입하심이 내겐 가장 좋은 방법이라는 것입니다. 또한 내 죄와 허물을 그대로 지닌 채 자녀들에게 영향력을 끼치려 든다면 내 육신의 자녀와 영적 자녀가 나와 동일한 실수와 실패를 반복하리라는 교훈을 받습니다. 사람들에게 이해받는 것보다 하나님께서 기뻐하시는 길을 찾으려는 지혜를 더하여 주소서!

주님! 이제 나는 돌아갈 생각이 없습니다. 나의 이기심대로 정욕대로 살아 그 대가를 치러 보았기 때문에 더 이상 주님의 길에서 벗어나고 싶지 않습니다. 자녀들에게도 삶의 본이 되는 부모가 되고 싶습니다. 오늘도 나의 길이 아니라 주님이 제시하시는 생명의 길을 찾아 주님과 동행하기를 소망합니다. 나에게 가장 큰 축복은 '임마누엘'입니다!

죄 많은 인생 위에 벧엘을 세우시다

말씀애 愛

> 야곱이 잠이 깨어 이르되 여호와께서 과연 여기 계시거늘 내가 알
> 지 못하였도다(창 28:16)

에서의 결혼으로 인해 리브가는 몹시 낙심했습니다. 리브가의
탄식은 남편 이삭은 물론 야곱의 귀에도 들렸을 것입니다.

> 리브가가 이삭에게 이르되 내가 헷 사람의 딸들로 말미암아 내 삶
> 이 싫어졌거늘 야곱이 만일 이 땅의 딸들 곧 그들과 같은 헷 사람의
> 딸들 중에서 아내를 맞이하면 내 삶이 내게 무슨 재미가 있으리이
> 까(창 27:46)

결국 리브가의 도움으로 야곱은 에서가 받을 장자의 축복을 가로챘고, 분노에 휩싸인 형 에서를 피해 밧단아람에 있는 외삼촌 라반에게 가게 되었습니다. 이삭은 마지막으로 야곱을 불러 축복하고 외삼촌 라반의 딸들 중에서 아내를 취하라고 당부했습니다.

야곱은 브엘세바에서 떠나 하란으로 향하여 가다가 날이 저물자 길에서 돌을 베개 삼아 누웠습니다. 그런 그를 주님이 찾아오셨습니다.

벧엘에서조차 자기중심적이었던 야곱입니다

깜빡 잠이 든 야곱은 꿈속에서 하늘 높이 이어진 사닥다리 위로 하나님의 사자들이 오르락내리락 하는 것을 봤습니다. 축복으로 가득한 꿈이지요. 그가 처한 현실과는 괴리된 황홀한 꿈이었습니다. 당시에 약속의 땅을 서둘러 떠났던 야곱은 자신이 20년 후에야 그곳에 돌아오게 되리라고는 꿈에도 몰랐습니다.

여기서 중요한 것은 야곱이 자신의 죄를 회개하며 하나님께 나아가기 전에 주님이 먼저 찾아오셨다는 것입니다.

꿈에 본즉 사닥다리가 땅 위에 서 있는데 그 꼭대기가 하늘에 닿았고 또 본즉 하나님의 사자들이 그 위에서 오르락내리락 하고 또 본즉 여호와께서 그 위에 서서 이르시되 나는 여호와니 너의 조부 아브라함의 하나님이요 이삭의 하나님이라 네가 누워 있는 땅을 내가 너와 네 자손에게 주리니 네 자손이 땅의 티끌 같이 되어 네가 서쪽과 동쪽과 북쪽과 남쪽으로 퍼져나갈지며 땅의 모든 족속이 너와 네 자손으로 말미암아 복을 받으리라 내가 너와 함께 있어 네가 어디로 가든지 너를 지키며 너를 이끌어 이 땅으로 돌아오게 할지라 내가 네게 허락한 것을 다 이루기까지 너를 떠나지 아니하리라 하신지라(창 28:12~15)

"내가 너와 함께 있어 너를 떠나지 않겠다."

야곱이 하나님의 말씀을 온전히 믿고 의지했다면 어쩌면 생각보다 빨리 집으로 돌아올 수 있었을지 모릅니다. 하지만 야곱은 자신을 더 믿고 의지했으며 그래서 꾀를 부리며 살아남으려 했습니다.

꿈에서 깨어난 야곱은 그 자리에 돌베개를 기둥 삼아 세우고 기름을 붓고는 벧엘, 즉 '하나님의 집'이라 칭했습니다. 그리고 하나님께 서원했습니다.

야곱이 서원하여 이르되 하나님이 나와 함께 계셔서 내가 가는 이 길에서 나를 지키시고 먹을 떡과 입을 옷을 주시어 내가 평안히 아

버지 집으로 돌아가게 하시오면 여호와께서 나의 하나님이 되실 것
이요 내가 기둥으로 세운 이 돌이 하나님의 집이 될 것이요 하나님
께서 내게 주신 모든 것에서 십분의 일을 내가 반드시 하나님께 드
리겠나이다 하였더라(창 28:20~22)

그의 서원을 보면 온통 '나'로 가득합니다.
"내가, 나를, 내가, 나의, 내게…."
하나님이 함께하신다는 증거로 옛 이름 '루스' 대신에 벧엘이
라는 새 이름을 지었습니다. 그런데도 야곱은 아직 '자기 자신'을
버리지 못했습니다. 그는 여전히 하나님이 '자신을 위하여' 계시
기를 바랐던 것입니다.

야곱과 다를 바가 없어도 주님이 찾아오셨습니다

나도 야곱과 같았습니다. 지금도 어쩌면 야곱과 같을지 모르겠
습니다.

야곱이 회개하기 전에 하나님이 먼저 찾아오셨던 것처럼 내게
도 하나님이 먼저 찾아오셔서 황홀한 축복을 베풀어 주셨습니
다. 야곱이 벧엘의 하나님을 뵈었듯이 나 또한 구원 사건의 시작
점에서 하나님을 만났습니다.

하나님의 존재를 받아들이고 말씀을 읽고 마음에 소원을 품고

서 기도하기 시작한 것은 내 존재가 달라졌다는 분명한 표시였습니다. 그런데 경건 생활을 시작함과 동시에 우쭐한 마음 또한 고개를 들었습니다. 하나님의 전적인 은혜라기보다는 나의 공로에 대한 보상이라고 여겨졌던 것입니다.

그래서 죄를 짓지 않기 위해 온 에너지를 쏟았지만 죄가 드러나지 않도록 주의한 것일 뿐 내면이 달라진 것은 아니었습니다. 언약의 말씀을 암송하기만 하면 하나님이 알아서 성취해 가시리라고 믿고 열심을 내었습니다.

옛사람의 습관이나 죄성은 끊임없이 요동쳤습니다. 분노와 열등감은 뿌리 깊었습니다. 게다가 하나님이 모두 이루시리라는 막연한 생각을 믿음으로 착각하며 살았습니다. 이 또한 야곱과 다를 바 없는 모습입니다.

내가 하는 일들이 선하고 좋은 의도를 지녔기 때문에 하나님은 무조건 동의하셔야 한다고 생각했습니다. 내 기도를 들어주시지 않으면 안 된다면서 작정기도로, 금식기도로 하나님을 움직여 보려고 했습니다.

그러나 하나님의 생각은 나의 편협한 생각과 다르셨습니다. 지혜가 충만하며 긍휼이 많으셔서 많은 사람들을 두루두루 유익하게 하셨습니다. 또한 가끔씩 그 유익한 일을 내게도 요구하실 때가 있었습니다.

"네가 네 자신을 부인하면 좋겠다. 너 하나만 조용하면 되는 일이야! 그러니 그냥 넘어가자꾸나!"

그러나 주님의 뜻을 알면서도 번번이 못 들은 척했습니다. 정말이지 순종을 배우고 익히는 데 많은 시간이 필요했습니다.

겉보기에는 어지간히 부지런하게 믿음 생활을 했습니다. 십일조도 충성을 다해 이행했지요. 그러나 마음은 날마다 새롭게 다스려야 했습니다. 불충성과 게으름이 순간순간 깃들었기 때문입니다. 겉으로 드러나지 않기 때문에 다른 사람들은 모를 수 있지만 하나님은 하나도 빼놓지 않고 다 지켜보고 계시기에 늘 깨어 있어야 합니다.

평안히 아버지의 집으로 돌아갈 때까지 이 땅에서의 충실한 삶은 오직 하나님이 함께하시는 임마누엘의 축복으로만 가능합니다!

기도애 愛

아침부터 혼자라는 외로움이 덮쳐 왔습니다. 우울한 마음으로 오전 시간을 흘려보내고 말았습니다. 이것은 분명 속임수입니다. 평안을 잃어버린 것이 어느 누구의 탓도 아님을 이미 잘 알고 있습니다. 두려워서 아무것도 할 수 없을 때 나를 위로해 주시고 안아 위해 주신 주님을 생각합니다. 혼자 애쓰는 모습을 긍휼히 여기시고, 어리석음을 일깨워 주시며, 매번 주님을 의지하게 하셨습니다. 그 사랑을 기억하면서도 혼자라는 느낌에 절망하는 때가 얼마나 많은지요.

주님을 아는 지식은 있는데 삶 속에서 적용하지는 못합니다. 주님이 해결하시리란 막연한 믿음 속에서 맥없이 지낼 따름입니다. 사건이 터질 때마다 원망하듯 주님께 물었습니다. 그러나 알면서도 순종하지 못하는 마음을 다잡아야 함은 온전히 나의 몫임을 고백합니다.

기도와 묵상을 시작한 지 어느새 25년입니다. 처음보다는 주님의 길을 잘 분별한다지만, 마음에 욕심과 정욕이 스며 오면 분별력은 금세 사라지고 자기애와 자만심만이 메아리칩니다. 가장 어렵고 힘들 때 찾아와 주셨던 주님! 나의 죄와 허물을 감싸안고 기꺼이 만나 주신 주님! 오늘도 자문해 봅니다. 야곱처럼 나의 힘과 꾀로 살려고 하는 부분이 무엇인가를…. 문득 잠에서 깰 때조차도 나에게 주신 언약의 말씀을 붙들고 하나님을 경외하는 것을 잊지 말자고 다짐해 봅니다. 주님! 내 평생 나와 함께해 주시기를 기도합니다.

18일
창 29장
사랑만이
사람을 변화시킨다

말씀애 愛

> 야곱이 또한 라헬에게로 들어갔고 그가 레아보다 라헬을 더 사랑하
> 여 다시 칠 년 동안 라반을 섬겼더라 (창 29:30)

야곱은 외삼촌 라반의 집을 찾아가던 길에 라헬이 양을 몰고
우물로 오는 것을 봤습니다. 그는 목자들에게 아직 해가 높다고
말하면서 양에게 물을 먹이고 가서 풀을 뜯게 하라고 권했지만,
목자들은 양떼가 다 모인 후에 우물 아귀를 덮은 큰 돌을 옮겨야
비로소 물을 먹일 수 있다며 움직이지 않았습니다. 잠시 잠자코
있던 야곱은 라헬이 다가오자 순간 혼자서 그 큰 돌을 번쩍 들어
옮겼습니다. 이것이 야곱이 라헬을 만나서 가장 먼저 취한 행동
입니다. 그녀의 눈에 들고 싶었던 모양입니다. 여러 날을 홀로 외

롭게 지내다가 마침내 혈육을 만나니 기쁘기도 했겠지요.

라반의 집에서 한 달쯤 머문 후에 외삼촌이 품삯을 정하라고 하자 라헬을 위하여 7년을 섬기겠다고 한 것을 보면 그녀를 보자마자 야곱의 마음속에 연심이 생겼던 게 분명합니다.

> 야곱이 라헬을 위하여 칠 년 동안 라반을 섬겼으나 그를 사랑하는 까닭에 칠 년을 며칠 같이 여겼더라(창 29:20)

야곱의 성격이 여실히 드러납니다. 그는 얻고자 하는 것에 대해서는 물불을 가리지 않는 사람이었습니다. 뿐만 아니라 대단히 열정적이면서도 인내심이 강한 사람이기도 했습니다.

속이는 자가 더 속이는 자를 만났습니다

7년을 하루같이 기다린 야곱이 외삼촌에게 라헬과 결혼을 허락해 달라고 청했습니다. 하지만 라반은 야곱을 속이고 라헬 대신에 큰 딸 레아를 들여보냈지요.

> 야곱이 아침에 보니 레아라 라반에게 이르되 외삼촌이 어찌하여 내게 이같이 행하셨나이까 내가 라헬을 위하여 외삼촌을 섬기지 아니하였나이까 외삼촌이 나를 속이심은 어찌됨이니이까(창 29:25)

야곱의 말이 어쩐지 낯설지 않습니다. 형 에서를 속여 장자권과 축복을 가로챘을 때, 에서가 그에게 했던 말과 꼭 닮았습니다. 자신이 한 일에 대한 대가는 스스로 받는다고 하지요. '콩 심은 데 콩나고 팥 심은 데 팥 난다.'는 속담처럼 우리의 말과 행동, 태도와 의도를 심은 대로 결과가 돌아오는 법입니다. 야곱의 경우가 그랬습니다. 그야말로 심은 대로 거두었던 것입니다.

> 스스로 속이지 말라 하나님은 업신여김을 받지 아니하시나니 사람
> 이 무엇으로 심든지 그대로 거두리라(갈 6:7)

속이는 자 야곱이 그보다 더 속이는 자 라반을 만나 속임의 대가를 톡톡히 치렀습니다. 그러나 그는 격노하며 복수하지 않습니다. 사랑하는 라헬을 얻기 위해서, 다시 7년을 더 섬기기로 했습니다. 그의 사랑은 이처럼 우직했습니다.

이성에 대한 관심이 가장 강렬할 젊은 때에 마음에 맞는 짝을 만나게 되면 그와 함께하기 위해 어떤 희생도 감수하게 됩니다. 그만큼 좋기 때문입니다.

진짜 사랑이 찾아오면 사람이 달라집니다

나 역시 열렬히 사랑해서 결혼에 골인했습니다. 그러나 결혼은

무지갯빛이 아니라 전쟁과도 같았습니다. 새로운 가족들과 적응하고 아이를 낳아 키우는 동안 이기심을 버리고 공동체로 살아가는 법을 배웠습니다. 고된 훈련이었죠. 그러는 사이에 연애 감정은 어디론가 흩어져 버렸습니다. 그러다 다시 사랑을 회복한 것이 바로 하나님과의 만남 때문이었습니다. 나를 위해 존재하는 사람은 아무도 없음을 목도하고, 나를 기다리시는 분은 오직 하나님뿐임을 뼈저리게 느끼고 난 뒤에야 진정한 사랑을 깨달았습니다. 그러니 가장 좋은 것은 주님과 함께하는 시간이었습니다.

이전까지 나는 사랑할 줄 모르는 사람이었습니다. 받는 데만 익숙했지 주는 데는 인색했습니다. 이 부족한 사람에게 퍼부어진 하나님의 일방적이고도 열정적인 사랑은 존재를 변화시키기에 충분했습니다. 메마르고 거칠고 욕심 많던 마음이 유순하고 생기가 넘치는 마음으로 바뀐 것입니다. 진짜 사랑이 찾아왔기 때문이지요. 그럼에도 나는 여전히 부족함을 고백합니다. 주님의 사랑을 맛보며 배우고는 있지만 육체의 욕심은 그 사랑을 담기 부끄러운 것들을 자꾸만 내어놓습니다.

"공평하신 하나님, 공의로우신 하나님"을 외치면서도 하나님의 하시는 일들에 대해 "옳습니다, 그대로 따르겠습니다"라고 답하지 못할 때가 얼마나 많은지요. 권선징악, 인과응보를 되뇌면서 일희일비하며 판단하고 결정해 버리곤 합니다. 때에 따라 냉

담한 시선과 거친 말들을 내뱉기도 했습니다.

그러나 하나님은 누군가를 선택한 그 순간부터 그의 하나님으로 역사하실 뿐만 아니라 설령 그가 모든 사람들에게서 버림을 당하여도 건지고 고쳐 사용하시는 분이십니다. 하나님을 모를 때는 육의 눈을 만족시킬 만한 것을 찾지만 하나님의 사람으로 살아갈 때는 지혜와 계시의 영으로 하나님의 마음을 바라보게 됩니다. "나의 괴로움은 아직도 세상 사람들에게서 사랑을 갈구하기 때문이 아닌가" 하고 자문하며 나의 어리석음을 돌아봅니다.

레아에게 네 아들을 주신 하나님을 기억하십시오

야곱과 결혼한 레아도 남편의 사랑을 갈구하며 괴로워했습니다. 여호와께서는 그런 그를 보시고 태를 열어 주셨습니다(창 29:31). 참으로 감사할 일입니다.

그럼에도 레아의 초점은 온통 야곱에게만 향해 있었습니다. 하나님의 위로와 축복보다는 자신의 괴로움이 더 컸던 레아는 넷째 아들을 낳고서야 주님을 찬송했습니다.

> 그가 또 임신하여 아들을 낳고 이르되 내가 이제는 여호와를 찬송하리로다 하고 이로 말미암아 그가 그의 이름을 유다라 하였고 그

의 출산이 멈추었더라(창 29:35)

혹시 내 모습이 레아와 같지는 않습니까? 나의 관심과 사랑은 누구를 향하고 있나요? 진정한 위로와 사랑은 언제나 나와 함께하시는 하나님께로부터 온다고 담대히 고백할 자신이 있습니까?

하나님이 사랑받지 못하는 레아에게 아들을 넷이나 주셨던 것처럼 인생 곳곳에서 주님의 깊은 위로와 사랑을 발견할 수 있음을 잊지 마십시오. 그것을 안다면 어찌 하나님을 찬양하지 않을 수가 있겠습니까? 누구의 사랑으로도 채울 수 없습니다. 오직 하나님의 사랑만이 내 안의 공허를 채우실 수 있습니다. 주님의 넘치는 사랑이 내 안의 시기와 격정을 잠재우고 나를 사랑받는 자로서 향기 나는 사람이 되게 하실 것입니다.

기도애 愛

어린 시절, 누구나 한 번쯤은 백마 탄 왕자님을 꿈꾸곤 합니다. 나 역시 혼자 있을 때면 상상의 나래를 펴고 책 속 왕자님의 모습을 그리며 별별 그림들을 다 그려 보았지요. 하지만 10대를 넘어 20대, 30대가 되어서는 미래에 대한 두려움이 가득하여 닥치는 대로 살아 내느라고 그저 바빴던 것 같습니다. 그러다 40대에 들어서면서 기도가 깊어지고 주님과 나누는 시간의 소중함을 알게 되었습니다. 그런 와중에도 말씀과 충돌하면서 혼돈과 격정에 휩싸이는 적이 많았습니다. 왜 그렇게 억울한 것이 많았을까요? 50대에 이르러서야 그냥 놓아지는 부분들이 생겨나기 시작했습니다.

삶의 각 과정을 통해 나를 돌아보게 하신 주님! 내가 붙잡은 것들이 세상의 헛된 소유물임을 하나하나 가르쳐 주신 주님! 나는 이제야 기쁨으로 하나님을 찬양합니다. 이전에도 찬양과 감사를 올려 드렸지만, 세월이 지나면 지날수록 나의 찬양은 더욱 깊어 갑니다.

오늘 나는 라헬보다 레아를 통해서 더 많은 위로를 받았습니다. 소외된 나 자신과 너무도 비슷해 보여서일까요? 나의 사랑은 오직 주님 한 분뿐임을 감히 고백합니다. 세상의 달콤한 것들에 초점을 맞출 때에는 자유함으로 찬양하지 못했습니다. 그러나 지금은 많은 것들을 내려놓게 하신 주님의 은혜로 하늘을 올려다 보며 웃을 때가 더 많습니다.

나의 사랑, 나의 주님!

영원토록 나의 찬송이 되어 주시겠습니까?

19일 힘 근원을 쳐서라도 깨닫게 하신다

창 32:21~32

말씀애 愛

자기가 야곱을 이기지 못함을 보고 그가 야곱의 허벅지 관절을
치매 야곱의 허벅지 관절이 그 사람과 씨름할 때에 어긋났더라

(창 32:25)

야곱은 이삭과는 다른 삶을 살았습니다. 이삭은 모든 소출과
양떼에게 복이 임하고 우물을 파는 곳마다 샘이 터지는 복을 누
리던 부자였지만 야곱은 눈에 띄는 축복이나 부를 누리지 못했
습니다. 그야말로 전형적인 자수성가형입니다.

그러나 그의 인생에서는 하나님의 다른 계획을 찾아볼 수 있
습니다. 장차 한 민족을 이루어 하나님의 백성이 되도록 이끌 밑
그림 같은 존재이기에 하나님은 그를 라반의 집에서 20년간 노

예처럼 살게 하셨습니다. 참으로 기나긴 훈련이었지만 마침내 때가 차자 야곱은 당당하게 라반의 집에서 자신의 소유물을 가지고 떠납니다.

가슴속에 쌓아 둔 말은 주님의 때에 꺼내십시오

야곱은 외삼촌의 집을 떠나기 전에 가슴속에 묻어 두었던 이야기를 쏟아냈습니다. 무려 20년 만에 처음 꺼내는 이야기였습니다.

내가 이 이십 년을 외삼촌과 함께 하였거니와 외삼촌의 암양들이나 암염소들이 낙태하지 아니하였고 또 외삼촌의 양 떼의 숫양을 내가 먹지 아니하였으며 물려 찢긴 것은 내가 외삼촌에게로 가져가지 아니하고 낮에 도둑을 맞았든지 밤에 도둑을 맞았든지 외삼촌이 그것을 내 손에서 찾았으므로 내가 스스로 그것을 보충하였으며 내가 이와 같이 낮에는 더위와 밤에는 추위를 무릅쓰고 눈 붙일 겨를도 없이 지냈나이다 내가 외삼촌의 집에 있는 이 이십 년 동안 외삼촌의 두 딸을 위하여 십사 년, 외삼촌의 양 떼를 위하여 육 년을 외삼촌에게 봉사하였거니와 외삼촌께서 내 품삯을 열 번이나 바꾸셨으며 우리 아버지의 하나님, 아브라함의 하나님 곧 이삭이 경외하는 이가 나와 함께 계시지 아니하셨더라면 외삼촌께서 이제 나를 빈손

으로 돌려보내셨으리이다마는 하나님이 내 고난과 내 손의 수고를
보시고 어제 밤에 외삼촌을 책망하셨나이다(창 31:38~42)

우리 인생에도 마음에 묻어 둔 이야기들이 얼마나 많습니까?
하고 싶은 말을 다하고 사는 사람은 얼마나 될까요?

나 역시 억울한 일을 수없이 겪었습니다. 분한 마음이 들 때마
다 하나님이 내 편이 되어 주셔야 한다고 투정 부리기도 했습니
다. 응답하시는 하나님의 사랑을 경험하면서도 감사하기보다는
이기심으로 같은 기도를 반복하기 일쑤였습니다. 이런 나를 잠
자코 지켜보시는 하나님의 마음은 어떠셨을까요.

지독한 자기 사랑은 불치병과도 같습니다. 그러나 불치병도 주
님 앞에서는 치유받을 수 있습니다. 얄팍한 기도 대신에 적나라
하게 벌거벗은 채 주님 앞에서 드리는 기도가 필요합니다.

예수님을 믿으니 포기하지 말아야겠다는 마음으로 겸손히 지
내다 보면 어느 날 갑자기 억울함을 풀 기회를 주실 것입니다. 하
나님의 지혜로 응대하는 반전이 일어날 것입니다.

그때는 하나님이 할 말을 입에 담아 주시고 마음속에 숨겨 두
었던 이야기들을 차분하고 또렷하게 전하도록 이끄십니다. 스스
로도 놀랄 만큼 담대하게 하고픈 말을 전하는 자신을 발견하게
될 것입니다.

그러니 나는 이 순간에도 내 삶 가운데 행하셨던 주님의 기이한 일들을 회고하며 하나님을 찬양할 수밖에 없습니다. 어눌하고 어리석고 무지하며 바보 같던 내게 말씀 하나하나를 이해시키고 가르쳐 주셨던 일들이 가슴에 알알이 새겨져 있습니다.

나를 만지신 세월도 야곱 못지않습니다. 그러나 지난날의 기억은 이제 내일의 소망이 되었습니다. 언젠가 주님의 은혜로 요셉과 다윗 같은 용맹하고 지혜로운 리더로서 세워질 날이 오리라 꿈꿔 봅니다.

주님은 야곱이 홀로 남을 때를 기다리셨습니다

고향을 향하던 야곱에게 뜻밖의 소식이 전해졌습니다. 형 에서가 400명을 거느리고 온다는 것이었습니다. 하나님은 그에 앞서 먼저 사자들을 보내셨습니다. 야곱은 하나님의 사자들을 '하나님의 군대'라고 이르며 그 땅을 '마하나임'이라 불렀습니다.

그때까지도 야곱은 에서와의 일을 청산하지 못한 상태였습니다. 그는 하나님을 의지하며 기도했습니다. 그러자 모든 두려움이 물러갔습니다. 이젠 하나님의 군대와 함께 약속을 붙들고 앞일을 기대할 뿐입니다. 야곱에게 기도는 믿음의 열쇠였던 것입니다.

야곱이 또 이르되 내 조부 아브라함의 하나님, 내 아버지 이삭의 하나님 여호와여 주께서 전에 내게 명하시기를 네 고향, 네 족속에게로 돌아가라 내가 네게 은혜를 베풀리라 하셨나이다 나는 주께서 주의 종에게 베푸신 모든 은총과 모든 진실하심을 조금도 감당할 수 없사오나 내가 내 지팡이만 가지고 이 요단을 건넜더니 지금은 두 떼나 이루었나이다 내가 주께 간구하오니 내 형의 손에서, 에서의 손에서 나를 건져내시옵소서 내가 그를 두려워함은 그가 와서 나와 내 처자들을 칠까 겁이 나기 때문이니이다 주께서 말씀하시기를 내가 반드시 네게 은혜를 베풀어 네 씨로 바다의 셀 수 없는 모래와 같이 많게 하리라 하셨나이다(창 32:9~12)

야곱은 예물을 앞세워 보내고 얍복나루에서 가족들을 먼저 건너가게 하고 홀로 남았습니다. 그에게는 이제 아무것도 남아 있지 않았습니다. 이것은 상대에게 전권을 맡기겠다는 일종의 표식입니다.

야곱은 이름 그대로 '움키고 붙드는 자'였습니다. 전에는 형제의 발목을 붙잡아 채었던 그가 이제는 오직 하나님만을 붙들고 의지합니다. 문제와의 씨름으로 점철된 인생의 막다른 골목에서 문제보다 크신 하나님을 붙들어야 함을 깨달은 것입니다.

그러나 이 거룩한 깨달음은 야곱 자신에게서 비롯된 것이 아닙니다. 오직 하나님의 선물이었습니다. 야곱에게 특별한 계획을 두신 하나님이 그를 벧엘에서 만나시고 군대를 보내시더니 이제는 홀로 남을 때를 기다렸다가 마침내 찾아오셨습니다.

나 역시 그랬습니다. 내가 먼저 믿은 게 아니라 하나님이 먼저 불러 주셨습니다. 그 부르심에 "예"라고 대답할 수 있었던 것도 하나님이 믿음을 심어 주신 덕분입니다.

그러나 이 모든 것이 하나님의 손에서 이루어짐을 인정하기에는 이성이 너무도 굳건했습니다. 자존심과 교만, 논리의 굳건한 벽은 성경 말씀 그대로를 받아들이는 데 걸림돌이 되었습니다. 지금은 전보다 훨씬 나아졌지만, 아직도 모든 문제가 다 해결된 것은 아닙니다. 다만 이전보다 그리스도께 붙잡힌 부분이 조금 더 늘어난 정도이지요. 이 역시 하나님의 은혜입니다.

하나님은 야곱이 홀로 남을 때까지 오랫동안 기다리셨습니다. 날이 새도록 이어진 야곱과의 씨름에서 하나님은 그의 힘의 근원인 허벅지의 힘줄을 치셨습니다. 이로써 그에게 '복'은 하나님으로부터만 온다는 사실을 확인시키셨습니다.

> 그가 이르되 날이 새려하니 나로 가게 하라 야곱이 이르되 당신이 내게 축복하지 아니하면 가게 하지 아니하겠나이다 (창 32:26)

때로는 치심이 은혜입니다

우리는 흔히 얍복 나루에서 야곱이 하나님을 붙들었다고 말합니다. 하지만 실은 하나님이 야곱을 붙드셨던 게 아닐까요? 하나님은 어둠이 가장 짙을 때 나타나셔서 그의 생명을 보호하고 그의 움킨 손을 놓게 하셨습니다. 뿐만 아니라 그의 이름마저 바꾸셨습니다.

> 그 사람이 그에게 이르되 네 이름이 무엇이냐 그가 이르되 야곱이니이다 그가 이르되 네 이름을 다시는 야곱이라 부를 것이 아니요 이스라엘이라 부를 것이니 이는 네가 하나님과 및 사람들과 겨루어 이겼음이니라(창 32:27~28)

야곱은 비로소 자신을 직시하게 되었습니다. 씨름 상대가 자기 자신임을 깨달은 것입니다. 이로써 야곱은 하나님을 믿는 자가 되었고 자신의 것들을 나누어 베푸는 자가 되어 갔습니다. 모든 사물을 자기중심적으로만 보다가 영안이 열리자 비로소 시각이 교정된 것입니다.

그러나 새 이름을 받으면 그에 따라 통치권이 넘어간다는 것을 야곱은 아직 알지 못했던 것 같습니다. 야곱은 '그 사람'의 이름이 무어냐고 물었지만 '그 사람'은 축복을 남긴 채 떠났습니다.

그의 이름은 무엇입니까? 바로 예수 그리스도이십니다.

이 장면을 읽을 때마다 '그를 아는 지식이 가장 고상한 것'이라던 바울의 말이 떠오릅니다.

> 또한 모든 것을 해로 여김은 내 주 그리스도 예수를 아는 지식이 가장 고상하기 때문이라 내가 그를 위하여 모든 것을 잃어버리고 배설물로 여김은 그리스도를 얻고(빌 3:8)

> 그러므로 나는 달음질하기를 향방 없는 것 같이 아니하고 싸우기를 허공을 치는 것 같이 아니하며(고전 9:26)

주님을 알지 못하는 영적 무지는 삶의 결과로 나타날 때가 많습니다. 방향을 알고 달리는 것과 모르고 달리는 것은 천지차이입니다.

성육신하신 하나님, 그분을 야곱이 만났습니다. 이를 기념하고자 그곳을 '브니엘'이라고 이름 지었습니다. 그리고 마침내 그가 이 브니엘을 지날 때 새 아침이 밝았습니다. 말 그대로 새날이 밝은 것입니다.

살면서 제일 멋진 순간이 주님을 만난 때라고 말하는 사람은 별로 없습니다. 또한 온 존재가 뒤바뀌는 실제적인 경험 없이는 주님이 내 삶의 주인이 되시기도 어렵습니다.

인생의 많은 나날, 나의 힘의 근원은 예수님이 아니었습니다. 내 삶의 모든 중심은 물질이요 성공이었고, 남편의 사업이나 자녀들의 미래에만 관심이 있었습니다. 이 모두를 손에 쥐고 계신 하나님을 향해 기도함으로써, 나는 하나님의 손에 있는 것들을 타내려고 했던 것입니다. 그래서 사람과 씨름하고, 상황과 씨름했습니다. 그러다 보니 근심과 한숨이 그칠 날이 없었습니다. 내가 해내야만 하는 일들이 인생에 가득했으니까요.

그러다 내주하시는 성령님의 깊은 통달로 인해 기도 가운데 깨달음을 얻을 수 있었습니다. 주님이 상황을 직시하도록 하신 것입니다. 이기적이고 정욕적이며 공격적인 나 자신을 보게 하시고, 나의 힘의 근원이 주님이 아니라 세상이었음을 고백하게 하셨습니다. 세상의 명예, 성공, 부요한 생활을 누리고 싶어서 세상의 힘을 가지려 했던 마음의 뿌리를 제거하신 것입니다.

이로써 나의 새날이 밝아 왔습니다. 여전히 부족하지만 하나님이 주신 '오늘'이라는 날을 감사하며 살 수 있는 복된 자가 되었습니다. 전에는 금방이라도 죽을 것 같았지만 이제는 새 생명을 얻었고 나의 생명이 보전되었습니다.

기도하고 묵상할 때마다 주님이 내 힘의 근원을 쳐서 깨워 주시기를 소망합니다!

이제는 그의 육체의 죽음으로 말미암아 화목하게 하사 너희를 거룩
하고 흠 없고 책망할 것이 없는 자로 그 앞에 세우고자 하셨으니(골
1:22)

이는 너희가 흠이 없고 순전하여 어그러지고 거스르는 세대 가운데
서 하나님의 흠 없는 자녀로 세상에서 그들 가운데 빛들로 나타내
며(빌 2:15)

기도애 愛

매일 스스로를 돌아봅니다. 있는 그대로의 자신을 직시하기보다는 상상 속의 나를 실제의 모습인 양 착각하는 스스로를 발견하곤 합니다. 이런 허상을 주님은 깨우치게 도우십니다. 야곱이 그러했듯 내 인생의 얍복나루에서 만난 하나님은 나의 힘 근원이 무엇인지를 반복해서 가르쳐 주십니다.

물질, 건강, 사역의 확장, 사람들의 갈채, 명예와 높은 지위, 미래에 대한 보장…. 이 모두는 세상을 살아갈 때 도움이 되는 것들입니다. 그러나 주님은 무엇이 필요한지가 아니라 나의 우선순위가 어디에 있는지를 먼저 물으십니다. 그러므로 나도 하고 싶은 것이 아니라 주께서 내게 주시고자 하는 것을 먼저 여쭈어야 합니다. 선한 이유를 앞세워 주님께 묻지도 않고 마치 주님을 위하는 듯 내 유익을 취하려는 일은 더 이상 없어야 합니다.

내게 있는 세상적인 힘으로 다른 사람을 아프게 하지 않기를 기도합니다. 내게 주신 좋은 것들이 악의적으로 사용되지 않기를 소망합니다. 기도할 때마다 내 힘의 중심이 세상에 있다면 밝히 드러나게 하시기를 간구합니다. 돌아보면 볼수록 잘한 것이 없기에 오늘도 더욱 주님을 의지합니다. 하루하루, 순간순간을 돌아보게 하시는 주님! 온전히 주님만을 의지하는 복된 길을 걸어갈 수 있도록 늘 나와 동행하여 주소서!

20일 환난 날에 낙담하지 말고 벧엘로 올라가라

창34~35장

말씀애 愛

하나님이 야곱에게 이르시되 일어나 벧엘로 올라가서 거기 거주하
며 네가 네 형 에서의 낯을 피하여 도망하던 때에 네게 나타났던 하
나님께 거기서 제단을 쌓으라 하신지라 야곱이 이에 자기 집안 사
람과 자기와 함께 한 모든 자에게 이르되 너희 중에 있는 이방 신상
들을 버리고 자신을 정결하게 하고 너희들의 의복을 바꾸어 입으라
우리가 일어나 벧엘로 올라가자 내 환난 날에 내게 응답하시며 내
가 가는 길에서 나와 함께 하신 하나님께 내가 거기서 제단을 쌓으
려 하노라 하매 (창 35:1~3)

야곱은 형 에서와 극적으로 화해했지만 세일로 함께 돌아가지
는 않았습니다. 그곳은 하나님이 원하시는 땅도 아니었습니다.

이제 그에게 남은 일은 하나님께 복받는 일뿐인 것 같았습니다. 야곱은 벧엘에서의 서원을 지키고자 세겜에 머뭅니다.

> 내가 평안히 아버지 집으로 돌아가게 하시오면 여호와께서 나의 하나님이 되실 것이요 내가 기둥으로 세운 이 돌이 하나님의 집이 될 것이요 하나님께서 내게 주신 모든 것에서 십분의 일을 내가 반드시 하나님께 드리겠나이다 하였더라(창 28:21~22)

야곱은 그가 보기에 좋은 땅인 세겜에서 제단을 쌓고 자신의 방식대로 하나님을 섬겼습니다.

> 야곱이 밧단아람에서부터 평안히 가나안 땅 세겜 성읍에 이르러 그 성읍 앞에 장막을 치고 그가 장막을 친 밭을 세겜의 아버지 하몰의 아들들의 손에서 백 크시타에 샀으며 거기에 제단을 쌓고 그 이름을 엘엘로헤이스라엘이라 불렀더라(창 33:18~20)

때로는 인도하시는 길이 험해 보이기도 합니다

그런데 세겜에서 사건이 벌어집니다. 딸 디나가 세상 문화에 호기심을 보이며 나아간 것입니다. 히위 족속 중 하몰의 아들 세겜이 디나를 더럽히자 야곱의 아들들이 복수를 계획했습니다.

세겜과 모든 남자들이 할례를 받지 않으면 디나를 넘겨 주지 못하겠다고 속인 것입니다. 디나를 사랑하게 된 세겜은 주저하지 않고 성읍 사람들을 설득했습니다.

> 이 사람들은 우리와 친목하고 이 땅은 넓어 그들을 용납할 만하니 그들이 여기서 거주하며 매매하게 하고 우리가 그들의 딸들을 아내로 데려오고 우리 딸들도 그들에게 주자 그러나 우리 중의 모든 남자가 그들이 할례를 받음 같이 할례를 받아야 그 사람들이 우리와 함께 거주하여 한 민족 되기를 허락할 것이라 그러면 그들의 가축과 재산과 그들의 모든 짐승이 우리의 소유가 되지 않겠느냐 다만 그들의 말대로 하자 그러면 그들이 우리와 함께 거주하리라(창 34:21~23)

그들은 욕심 때문에 야곱의 아들들의 계략에 넘어가게 된 것입니다. 이스라엘의 많은 소유가 그들의 것이 될 수 있다는 욕심이었습니다. 야곱의 아들들은 그들의 반응을 어느 정도 예측했던 것 같습니다. 물론 하나님도 알고 계셨습니다.

세겜과 그 성읍 남자들이 모두 할례를 받자 시므온과 레위가 선두에 서서 칼을 휘둘렀습니다. 정의를 이루기 위해 기꺼이 불의한 행동을 한 것입니다. 그렇게 성읍의 모든 남자를 죽이고 그들의 자녀와 아내들을 사로잡고 모든 재물을 노략했습니다. 그 결과 이스라엘은 이제 더 이상 그곳에서 함께 살 수 없는 천하에 악한 족속이 되어 버렸습니다.

야곱은 뒤늦게 아들들을 책망했지만, 그러면서도 하나님께 매달리는 모습은 보이지 않았습니다. 가문이 멸망할 지경이 되었는데도 말입니다.

바로 이때 하나님이 야곱에게 말씀하셨습니다.

> 하나님이 야곱에게 이르시되 일어나 벧엘로 올라가서 거기 거주하며 네가 네 형 에서의 낯을 피하여 도망하던 때에 네게 나타났던 하나님께 거기서 제단을 쌓으라 하신지라(창 35:1)

하나님이 계획을 이루어 가실 때 우리 눈에 좋은 길로만 인도하시는 것은 아닙니다. 그러나 비록 험해 보이더라도 하나님이 인도하시는 길이라면 그 길이 가장 안전한 생명의 길입니다.

자격이 없어 보여도 구원 계획은 멈추지 않습니다

야곱은 자기와 함께한 모든 사람들에게 이방 신상을 버리고 자신을 정결하게 하며 의복을 바꿀 것을 일렀습니다. 그리고 이렇게 고백했습니다.

우리가 일어나 벧엘로 올라가자 내 환난 날에 내게 응답하시며 내 가 가는 길에서 나와 함께 하신 하나님께 내가 거기서 제단을 쌓으 려 하노라(창 35:3)

하나님은 야곱이 진정한 예배를 드리길 기다리셨습니다. 야곱 이 서원한 땅으로 향하도록 하기 위해 세겜에서 일어난 일들에 대해 간섭하지 않으셨던 것입니다. 일단 기다리셨고 때가 이르 자 안정된 곳 세겜에서 야곱과 그의 가족들이 나오도록 하셨습 니다. 야곱을 통해서 하나님의 열두 지파 곧 하나님 나라의 민족 을 만들어야 할 시점에 이르렀기 때문입니다.

디나의 사건은 큰 교훈을 남겼습니다. 하나님의 백성으로서 제 대로 된 신앙 교육과 훈련을 받지 못하면 세상에 선한 영향력을 끼치기는커녕 악한 영향을 받게 마련입니다. 그러니 자녀에게 복음을 어떻게 전수할 것인가가 부모에게는 늘 막중한 과제입니 다. 자신의 믿음을 지키는 것만큼이나 나의 믿음을 자녀들에게 유업으로 남겨 주는 것이 중요하기 때문입니다.

그대로 두면 하나님의 구별된 백성이 될 수 없습니다. 세상과 섞인 자들이 어떻게 하나님의 백성이라는 이름을 받을 수 있겠 습니까?

살다 보면 잘못된 길을 갈 수도 있습니다. 실수와 실패를 거듭

할 수도 있습니다. 그럼에도 불구하고 우리 인생의 주인은 하나님이심을 잊지 말아야 합니다. 넘어지고 거꾸러져도 생명이 있는 한 기회를 주시는, 너그럽고 미쁘며 신실하신 주님께로 돌아가야 합니다.

> 돈을 사랑하지 말고 있는 바를 족한 줄로 알라 그가 친히 말씀하시기를 내가 결코 너희를 버리지 아니하고 너희를 떠나지 아니하리라 하셨느니라 그러므로 우리가 담대히 말하되 주는 나를 돕는 이시니 내가 무서워하지 아니하겠노라 사람이 내게 어찌하리요 하노라 하나님의 말씀을 너희에게 일러 주고 너희를 인도하던 자들을 생각하며 그들의 행실의 결말을 주의하여 보고 그들의 믿음을 본받으라 예수 그리스도는 어제나 오늘이나 영원토록 동일하시니라(히 13:5~8)

하나님의 보호를 받을 자격이 없어 보이는 야곱의 가족들을 지키시는 주님을 세상 사람들이 용납하기란 쉬운 일이 아닙니다. 그들이 보기에는 잔인하고 불의한 사람으로만 보이기 때문입니다.

부디 기억하십시오. 그리스도인의 인생은 다릅니다. 처음엔 잘 구별되지 않을지라도 시간이 지나면 지날수록 내주하시는 성령님이 더 깊은 거룩을 우리에게 요청하십니다. 세상과 뚜렷이 구별된 가치 있고 거룩한 삶을 살도록 예배를 통해 요구하십니다.

야곱과 다를 바 없는 인생이라도

내게도 야곱의 벧엘 서원과 같은 서원들이 얼마나 많았는지요. 넘치는 열정으로 하나님을 향해 외쳤던 서원들을 새삼 돌이켜 봅니다. 얼마 지나지 않아 잊힌 약속들이 셀 수 없을 정도로 많음에 놀라 고개를 숙입니다. 이렇게 나는 잊고 사는 것이 많습니다. 그러나 주님은 잊지 않으십니다.

살면 살수록 예수님을 내 구주로 영접하고 어떤 상황에서도 믿음을 지켜 나가는 것이 얼마나 어려운가를 뼈저리게 느낍니다. 세상은 나를 속이고 내 것을 빼앗고 멸망시키려 안달인데 주님은 말씀과 성령님의 인도로 나를 지키고 보호하십니다.

게다가 하나님의 이름을 빙자하여 일으킨 말썽들은 또 얼마나 많습니까? 역사 속에서도 셀 수 없이 많이 찾을 수 있습니다. 중세의 마녀사냥이나 십자군 전쟁 등이 그랬습니다.

하나님이 주신 거룩한 것을 감당하려면 하나님의 음성을 듣고 죄와 싸워 이겨야 합니다. 자꾸만 고개를 드는 자신을 넘어뜨리고 죽기까지 순종해야 합니다. 그렇게 하기 전에는 우리 삶에서 하나님의 간섭하심의 은총을 깨닫기가 어렵습니다.

나는 내 인생에 반전을 일으키신 하나님이 주위 사람들도 변화시키시며 상황을 바꿔 주시리라고 믿었습니다. 기도만 한다면 말입니다. 내가 바랐던 것은 사실 안정된 자리, 즉 살기 좋은 곳, 돈 벌기 좋은 곳, 몸이 편한 곳이었습니다. 하나님을 예배할 수 있는 곳이 아니었습니다. 이것을 깨닫기까지 오랜 시간이 걸렸습니다. 그동안 하나님은 내가 제자리를 찾도록 인내로 기다리며 이끌어 주셨습니다. 야곱을 기다려 주셨던 것처럼….

주님이 이만큼 도우시는데 나도 내 믿음을 지켜야 하지 않겠습니까? 이미 주신 영생의 약속을 의지하면서 하나님의 백성의 정체성을 잃어버리지 않기 위해 기도와 묵상을 내려놓을 수가 없습니다. 기도와 묵상이야말로 하나님의 은혜의 수단이기 때문입니다.

주께서 허락하시는 깨달음으로 인생의 기회를 잡는 우리가 되기를 바랄 뿐입니다.

기도애 愛

처절하게 외롭고 고통스러운 때가 있었습니다. 하지만 이젠 다 지난 일이 되었지요. 순간순간을 잘 견디며 살았던 것에는 지금도 후회가 없지만, 쏟아낸 분노와 다툼으로 주고받은 상처들을 생각하면 좀 더 인내하지 못한 것이 안타깝습니다. 그런 와중에 회개의 내용이 지혜로 바뀌어 다시 후회할 일들을 만들지 않았던 것은 감사하고 또 감사할 부분입니다.

주님, 내 안에 여전히 교만의 그림자가 남아 있음을 봅니다. 그래서 오늘도 회개합니다. 돌아봐야 하는 가족들을 챙기지 않은 과실과, 마음에 박힌 돌덩어리 같은 나의 이기심들을 주 앞에 털어놓습니다.

주여, 나의 의로워짐이 아니라 하나님께서 의로우신 분이시므로 나를 새롭게 하실 것을 기대합니다. 나의 모든 단점과 약점들이 한순간 사라질 수는 없겠지요. 여전히 나는 옛사람의 습관을 갖고 살아가지만 매일 조금씩 더 겸손하게, 조금씩 더 온유하게 주님을 닮아 갈 수 있도록 소망을 주시니 감사합니다.

소망대로 이룰 수 있는 삶의 능력과 힘주시는 주님, 감사합니다. 항상 기회를 주시는 주님, 감사합니다. 하나님! 나의 서원을 지켜 가게 하소서.

 21일 순전한 요셉,
창 49: 22~26 꿈을 잃지 않다

말씀애 💙

요셉은 무성한 가지 곧 샘 곁의 무성한 가지라 그 가지가 담을 넘었
도다 활쏘는 자가 그를 학대하며 적개심을 가지고 그를 쏘았으나
요셉의 활은 도리어 굳세며 그의 팔은 힘이 있으니 이는 야곱의 전
능자 이스라엘의 반석인 목자의 손을 힘입음이라(창 49:22~24)

"야곱의 이야기까지는 괜찮은데 요셉의 이야기부터는 묵상이
잘 안됩니다. 삶에 적용하기가 어려워서 무기력해집니다. 왜 그
럴까요?"

강의가 끝난 후 어느 소그룹에서 한 자매가 이렇게 물었습니
다. 그래서 대강 이렇게 답했던 기억이 납니다.

"아마 야곱의 성정이 우리 평범한 사람들과 비슷한데 반해 요셉은 주님을 많이 닮았기 때문일 거예요."

그렇습니다. 요셉의 인생은 어린 시절부터 우리와는 무언가 달랐습니다. 누군가는 자신이 요셉을 빼닮았다고 여길지도 모르겠지만 대부분의 사람들은 그렇지 않습니다. 현실에서는 찾아보기 드문 인격인지라 낯설기만 합니다. 그러니 요셉의 마음을 읽어내기도 자연히 쉽지가 않습니다.

요셉은 순전한 사람이었습니다. 죄의 영향력에 휘둘리기보다는 하나님을 의지하고 매사에 신실히 대처한 모습을 보고 있노라면 그와는 너무도 다른 자신을 새삼 발견하게 됩니다. 이 때문에 요셉의 이야기를 읽다 보면 괜히 마음이 불편해지는 것인지도 모르겠습니다. 나 역시 요셉이 불편했습니다.

어찌 보면 요셉은 일방적으로 하나님 아버지의 사랑을 받은 자녀의 대명사로 해석할 수도 있겠지요. 그런 그를 보면서 소망을 품을 수도 있었을 텐데, 나는 요셉을 시기하는 형들에게 더욱 이입이 되었습니다. 하나님을 요셉만 편애했던 야곱의 수준으로 격하시켰던 것입니다.

주신 꿈을 기억하는 자는 하나님이 도우십니다

창세기의 저자는 족장을 열거하는 이야기의 마지막 중심인물로 요셉을 내세웠습니다. 가나안에서 하나님의 언약을 받은 한 가족이 애굽 땅에서 한 민족으로 성장하는 이야기의 배경 인물로서 요셉을 택하신 것입니다.

하나님은 요셉을 태생 그대로 사용하시지 않았습니다. 그를 가르치고 고치고 구별하여 세우셨습니다. 그 시간들을 통해 이스라엘의 민족적 구원이 어찌 이루어지는가를 하나하나 보여 주고자 하셨습니다.

이삭의 편애가 야곱에게도 이어져서 자식들 간에 갈등과 불화를 일으켰습니다. 야곱의 사랑을 독차지한 요셉에게는 아직 지혜가 없었습니다. 그는 선한 동기로 천진하게 형들을 대했지만 그의 행동 하나하나가 형들을 격동시켰습니다. 이렇듯 선한 동기라고 해서 마냥 선하게만 전달되는 것은 아닙니다. 시기와 미움은 비극의 원인이 되기도 합니다. 그 결과 형제들로부터 시기를 받은 요셉이 곤경에 처했습니다.

그러나 요셉은 하나님이 주신 꿈을 기억하는 자였습니다. 하나님이 그 꿈을 이루시기 위해서 돕는 자들을 보내십니다. 요셉의 꿈과 야곱의 편애로 인해 고난과 핍박이 시작되었지만 이것은 창대한 계획의 작은 시작에 지나지 않았습니다.

이처럼 하나님이 주신 비전과 꿈은 상황이나 환경에 따라 바뀌지 않습니다. 그것은 나 자신으로부터 시작된 것이 아니라 하나님의 목적에서 비롯된 것이기 때문입니다.

순종은 믿음의 분량만큼 할 수 있습니다

요셉이 형들에 의해 미디안 상인들의 손에 넘겨지고(창 37장), 애굽에 끌려가 보디발의 집에 팔리기까지(창 39장)의 이야기 사이에 유다의 이야기(창 38장)가 샌드위치처럼 끼어 있습니다. 에서와 야곱 이야기 사이에 이삭의 이야기가 끼었던 것처럼 유다의 이야기가 두 번째 '사이에 끼인 이야기'로 등장합니다.

유다가 며느리 다말과 동침하여 자손을 갖는 이야기는 요셉이 보디발의 아내의 유혹을 거절했던 것과 대조됩니다. 요셉이 유다보다 도덕성에서 우위에 있음을 나타내지요. 그 결과 이스라엘을 이끄는 리더의 자리에 요셉이 자리하게 된 것입니다.

따져 보면 리더는 유다여야 했습니다. 야곱의 장자인 르우벤은 그 아비의 첩과 통간을 했고, 둘째와 셋째인 시므온과 레위는 여동생 디나의 복수를 위해 잔인하게 칼을 휘두름으로써 장자의 권한을 박탈당했습니다. 따라서 넷째인 유다가 이스라엘의 장자권을 가질 수 있었습니다. 그러나 주님은 요셉을 통해서 하나님의 일을 이루어 가십니다.

더욱이 야곱은 요셉의 아들들을 입양하고 갑절의 상속을 선언합니다.

내가 애굽으로 와서 네게 이르기 전에 애굽에서 네가 낳은 두 아들에브라임과 므낫세는 내 것이라 르우벤과 시므온처럼 내 것이 될 것이요 이들 후의 네 소생은 네 것이 될 것이며 그들의 유산은 그들의 형의 이름으로 함께 받으리라(창 48:5~6)

가끔씩 누군가에 섭섭한 마음이 생긴 채로 하나님 앞에 서게 될 때가 있습니다. 하나님이 "용서하여라. 네가 사과하여라. 화해하여라"라고 말씀하실 때 은근히 피하고 싶을 때가 있습니다. 마음만 먹으면 순종할 수 있을 것 같지만 그렇지도 않습니다. 순종은 믿음의 분량만큼만 할 수 있기 때문입니다.

요셉의 순종 역시 그 믿음과 비례한 것이지요. 그런 요셉을 질투하기보다는 그가 나와는 믿음의 분량이 다르고 성품이 다름을 인정하고 자신의 부족함을 수긍해야 요셉의 믿음을 따라갈 수 있게 됩니다.

믿는 자의 소명은 무엇입니까? 죽기까지 십자가에서 순종을 이루고 피 흘리기까지 죄와 싸우신 주님을 따라가는 것입니다. 주님처럼 하나님의 주권에 순복할 믿음이 있기만 하다면 무엇이든 능치 못할 것이 없습니다.

원망과 불평 없이 지혜를 구하며 묵묵히 하나님의 뜻을 따르는 요셉을 보십시오. 주님을 너무도 닮았습니다. 미디안의 상인에게 팔려 갈 때에도, 노예로 보디발의 집에 거할 때에도, 감옥에서 죄수로 있을 때에도, 애굽의 총리가 되었을 때에도 그는 세상에 복을 유통하는 자였습니다.

요셉은 가는 곳마다 '샬롬'을 이루었습니다. 믿는 자에게 내려지는 진정한 복은 바로 샬롬인 것입니다. 하나님이 나라가 임하고 주님의 통치가 이루어져, 새벽이슬과 같은 청년의 힘을 지닌 주님의 군사, 주님의 백성이 악한 모든 것을 다스리며 하나님을 찬양하는 세상! 모든 나라와 족속과 방언에서 셀 수 없이 큰 무리가 나와, 하나님과 어린양 앞에 경배하는 곳! 이것이 우리를 통해서 이루실 이 땅의 하나님 나라의 모습입니다.

하나님은 우리로 꿈꾸게 하고 그 꿈을 이루게 하십니다

나는 오늘도 꿈을 꿉니다. 거리낌 없이 꿈을 말했다가 비웃음을 사기도 했습니다. 그런데 신기하게도 그때의 꿈이 실현된 경우가 많습니다.

"나는 책을 쓰고 싶어요. 하나님이 우리 기도 그룹에 행하신 일들을 얘기하고 싶어요. 다른 소그룹들이 이 이야기를 읽고 도전을 받았으면 해요."

"나는 사람들을 가르치고 싶어요. 내가 저지른 많은 오류들을 겪지 않고도 내가 온 곳까지 이르는 지름길을 안내할 수 있을 것 같아요."

"함께하는 소그룹들이 많이 생기면 좋겠어요. 나이가 들어서도 어렵지 않게 할 수 있는 것이 있다면 바로 기도일 거예요. 노년에도 젊은이들을 만나 주님이 주신 지혜를 나누고 존경받는 기도의 사람들이 될 수 있다면 더할 나위 없겠어요."

누구를 만나든지 나는 이 꿈들을 나누었습니다.

상황이 어려움에도 꿈꾸기를 멈추지 않은 것은 이를 시작하고 주관하신 분이 바로 우리 주님인 까닭입니다. 돕는 자들을 보내사 꿈을 이루도록 도우신 주님은 지금도 여전히 나의 가장 믿음직한 도움의 원천이십니다.

최악의 상황 가운데서도 최선을 다해 하나님의 미래를 향해 나아갔던 요셉은 나를 구원하신 예수님과 많이 닮았습니다. 미약한 한 사람이 고난과 핍박을 이겨 내고 최고의 자리에 올라 출애굽의 역사를 준비했습니다. 하나님은 그 한 사람에게 열방 가운데 생명을 전하는 사명을 주심으로써 세상에 복을 유통하는 자로 세우시고 그를 통해 이스라엘 민족을 형성하셨습니다.

이스라엘을 열방 가운데 파송하시는 하나님의 역사, 그 큰 그림의 청사진을 예시하는 인물이 바로 요셉인 것입니다.

기도에 愛

하늘에 계신 우리 아버지! 하나님의 이름이 하늘에서 거룩히 여김을 받으신 것처럼 이 땅에서도 나를 통해서 거룩히 여김을 받으시고, 하나님의 나라가 하늘에서 임한 것같이 이 땅에서도 나를 통하여 하나님의 나라가 임하게 하시며, 하나님의 뜻이 하늘에서 이루어진 것처럼 이 땅에서도 나를 통하여 하나님의 뜻이 이루어지게 하소서!

그리스도의 일을 가르치기 위해 인생들을 사용하시고, 베푸신 능력의 지극히 크신 행사를 나타내시며 영광의 직임을 주신 하나님을 찬양합니다.

주님! 육체가 머무는 이 땅의 삶에서는 날마다 치러야 할 싸움이 있습니다. 이전에는 싸울 힘과 용기가 없었지만, 구원받고 나서는 주님의 힘으로 이미 주신 승리를 지켜 나갈 수 있게 되었음을 고백합니다.

나의 싸움이 혈과 육의 싸움이 아니기에 마귀의 간계를 능히 대적하고자 하나님의 전신갑주를 입기 원합니다. 모든 기도와 간구로 항상 성령 안에서 기도하고, 전신갑주를 입기 위하여 깨어 구하기를 항상 힘쓰며, 그리스도의 장성한 분량까지 자라나 나에게 말씀을 주사 복음의 비밀을 담대하게 알리게 하소서!

회개의 합당한 열매로 그리스도의 편지가 되어, 새 언약의 일꾼으로서 온전한 믿음과 거룩한 삶을 통해 하나님의 영광을 드러내기를 소망합니다.

나라와 권능과 영광이 세세무궁토록 아버지께 있습니다!

Part 3

기도 큐티 이렇게 하라

기도 큐티가 방법이다

말씀대로 살기 원한다면 기도하라!

성경을 읽고 기도하는 것은 광야와 같은 인생에서 주가 지시하시는 길을 찾고, 그 길을 힘 있게 가기 위한 능력과 은혜의 수단입니다.

하나님은 창조 목적에 맞는 기도, 즉 하나님의 영광을 드러내는 기도나 하나님 마음에 합한 기도에 응답하십니다. 그러므로 우리는 하나님 마음을 알 수 있는 말씀을 붙들고 기도해야 합니다.

우선 기도하는 습관을 갖는 것이 중요합니다. 습관을 들이기 위해서는 시간을 따로 정하여 채우는 것도 좋습니다. 하루에

10~20분씩 묵상과 기도를 하고 시간을 점점 늘려 가야 합니다. 개인기도 시간을 포기하거나 양보해서는 안 됩니다. 기도의 공간은 생명의 길을 따라갈 수 있도록 성령님이 내게 친히 말씀을 가르쳐 주고 깨닫게 하시며, 모든 힘과 능력과 은혜를 주시는 자리이기 때문입니다. 하나님의 긍휼과 사랑을 부어 주시는 자리이기 때문입니다. 바로 이 기도 시간을 통해 지속적으로 주님과 만나야 관계도 더욱 친밀해집니다.

말씀 묵상과 기도의 목적은 하나님을 알기 위함입니다. 믿음의 분량을 키워 주님의 뜻에 온전히 순종하기 위함입니다. 주님의 뜻이 우리를 통해 이 땅에 이루어지도록 하기 위함입니다. 예수님 닮은 삶으로 사람들에게 선한 영향을 끼치기 위함입니다. 잃어버린 영혼을 찾아 구원하기 위함입니다. 그러므로 하나님께 헌신하겠다고 기도하기 전에 먼저 하나님을 알기 위해 묵상하고 기도해야 합니다.

말씀을 읽고 듣고 묵상하는 것은 좌로나 우로나 치우치지 않고 주님을 닮아 가기 위함임을 잊지 말아야 합니다. 따라서 성령님과 연합할 수 있도록 영성 계발에 힘써야 합니다. 특히 묵상과 기도를 수반한 경건의 훈련이 반드시 필요합니다. 예를 들어서 경건 훈련과 기도, 말씀 읽기와 묵상, 예배, 영적 독서 등의 훈련이 요구됩니다.

양육은 말씀을 읽거나 듣는 데서부터 시작됩니다. 그러나 이것만으로는 충분하지 않습니다. 말씀을 자의적으로 해석하지 않고 건강한 신학의 토대 위에서 이해하도록 돕는 설교 말씀이나 강의를 들은 후에 스스로 고민하고 생각할 수 있는 시간이 필요합니다.

오늘 나의 기도 시간은 얼마나 됩니까? 그 시간에 주님을 만난 경험이 있습니까?

내 마음 들여다보기, 회개기도

우리는 대개 타인이 원하는 모습으로 겉을 치장하며 살아갑니다. 교육의 효과로 어느 정도 그럴싸한 모습을 만들어 낼 수도 있지만 주님의 말씀의 빛 아래서 이루어지는 묵상과 기도는 내 안에 숨어 있던 본모습과 생각을 밝히 드러냅니다. 번지르르한 겉모습이 아닌 내면의 참모습을 성찰하게 만드는 것입니다.

그날그날 묵상한 말씀을 가지고 기도하는 것은 무엇보다도 자신의 마음을 들여다보는 일입니다. 이때는 자신이 주님으로부터 얼마나 멀리 떨어져 있는가를 확인하는 시간이 되어야 합니다.

특히 말씀에 비추어 죄가 발견되면 즉시 회개해야 합니다. 하나님과의 관계에서 막힘이 없이 주의 보좌 앞으로 나아가려면 먼저 죄부터 처리해야 합니다. 하나님과 분리되게 만드는 것은 모두 죄로부터 기인합니다.

기도의 통로를 막는 '죄'를 처리하기 위해서는 먼저 죄를 스스로 해결할 수 없음을 인정하고 예수 그리스도와 연합하는 데 힘써야 합니다. 예수님이 내 죄 때문에 죽으셨음을 깨달아야 합니다. 성경을 읽어야 하는 이유가 바로 여기에 있습니다. 오직 말씀만이 구원자로 오신 예수님을 우리에게 알려 주기 때문입니다.

하나님의 자녀가 되어 살아가면서 불순종의 죄를 짓는다고 해서 그 죄로 인해 하나님께 버림받아 구원이 취소되는 것은 아닙니다. 하나님 말씀을 잘 이해하고 해석하고 기도할 때 불순종의 죄를 이기고자 하는 의지를 발휘할 수 있습니다.

그러므로 내 안에 분노나 죄책감이 있다면 먼저 그것들을 들고 주님의 십자가 앞에 나아가야 합니다.

혹여 주님이 원하시는 모습과 다르게 나의 마음 깊은 곳에 염려나 근심, 이기심과 욕심이 있습니까? 누군가를 향해 분노하거나 용서하지 못하고 있습니까? 아니면 죄책감에 사로잡혀 있습니까? 그 일들을 가지고 주님의 십자가 앞에 나아갑니까?

말씀의 빛을 비추시는 성령의 역사

성령의 역사를 통해 우리는 말씀을 기억하고 깨닫게 됩니다. 하나님은 깨달은 말씀에 믿음으로 순종하게 하십니다. 그렇게 순종할수록 차츰 그리스도를 닮은 인격이 되어 갑니다. 성령이 비추는 말씀의 빛으로 육체의 소욕이 다스려질 때에야 비로소 진정한 순종의 반응이 일어나게 되는 것입니다.

성령은 진리의 영입니다. 성령은 그리스도를 증거하십니다. 성령은 선포된 말씀을 통해 그리스도 안에서 베풀어진 하나님의 사랑의 의미를 나타내십니다. 구원의 표로 인 치시고, 우리 마음 가운데 하나님의 사랑에 대한 명확한 증거를 갖게 하시며, 그 사랑을 고백하게 하십니다. 이 사역으로 말미암아 우리 마음에 하나님의 사랑이 계속적으로 부어지는 것입니다.

성령은 홀로 역사하시는 것이 아니라 우리 믿음의 반응을 따라 역사하십니다. 그러므로 믿음은 성령의 역사를 일으키는 열쇠라고 할 수 있습니다. 성령을 소멸하지 않기 위해서는 끊임없이 말씀을 듣고 성령의 조명하심 아래 말씀을 묵상해야 합니다. 그리스도의 임재를 경험하는 예배 가운데 나아가야 하며 내주하시는 성령의 요청에 순종으로 반응해야 합니다.

내 마음에 성령님이 주시는 마음이 생겨났습니까? 그 마음에 순종하려는 의지는 어느 정도라고 생각합니까?

소그룹에서 묵상 나누기

개인의 '기도와 큐티' 후에는 소그룹 나눔이 필요합니다. 친밀한 교제를 바탕으로 서로의 약점과 단점을 보완할 수 있기 때문입니다. 매일 성실하게 말씀을 묵상하는 것도 중요하지만, 거기에 치중해 정작 묵상의 본질인 주님을 닮아 가는 일에 소홀해진다면 무기력한 그리스도인이 되고 말 것입니다.

소그룹은 열린 마음으로 자신이 발견한 내면의 이기심이나 정욕, 분노 등을 정직하게 말할 수 있는 공동체가 되어야 합니다. 정직한 나눔 속에서 역사하시는 성령의 은혜와 말씀의 빛으로 서로를 용서하고 이해할 때, 그 힘과 능력은 공동체의 연합을 도모하게 하는 역사를 일으킵니다.

또한 소그룹은 공동체 한 사람 한 사람이 연합의 열매를 맺는 도전의 장이 되어야 합니다. 주님 앞에서 자기 내면의 약점과 단점을 드러내고 주님께 해결받게 되면 다른 사람을 용납할 만한 사랑과 긍휼의 마음이 생깁니다. 그리스도 안에서의 연합은 비전을 향해 나아갈 수 있는 힘을 제공합니다.

당신은 어느 공동체에 소속되어 있습니까?

소속된 공동체에 어떤 헌신을 하고 있습니까?

공동체 사람들과의 연합의 정도는 어떻습니까?

만일 연합하지 못하고 있다면 그 이유는 무엇입니까?

당신이 속한 공동체를 위해 힘써야 할 것은 무엇입니까?

기도와 큐티의 실제

1. 어제의 큐티와 삶 돌아보기

결단한 내용을 제대로 실천했는지 돌아보고 감사기도 또는 회개기도를 올립니다. 오늘도 성령님께서 인도해 주시기를 간구합니다.

2. 말씀 이해하기

1) 자세히 읽기

말씀을 5회 정도 반복해서 읽습니다.

2) 내용 정리

참고 자료를 활용해서 본문을 해석하되 앞뒤 구절과 잘 연결하여 생각하고 말씀의 흐름과 내용을 이해해야 합니다. 또한 본문과 연관되어 생각나는 말씀이 있다면 함께 적어 봅니다.

tip) 해석을 돕는 참고 자료(설교, 큐티 책, 주석, 성경 사전 등)를 활용합니다.

3. 말씀 붙들고 기도하기

1) 내 마음 비추어 보기

본문의 내용과 설교를 통해서 들은 내용을 기억하며 염려와 근심, 이기심과 욕심 등 자신의 내면 상태와 회개할 것을 적어 봅니다. 본문을 읽을 때 생각나는 것들을 무시하지 말고 꼼꼼히 기록합니다.

2) 회개기도

말씀을 읽고 깨달은 죄를 회개합니다. 무작정 잘못을 말하는 것이 아니라 주님의 마음과 동떨어진, 돌이키고 싶은 것들이 해결될 때까지 계속 기도하는 것이 회개입니다. 후회나 반성과는 다르다는 것을 기억하십시오. 이것들도 노트에 적는 습관이 필요합니다.

3) 도전과 소망의 말씀 찾기

말씀을 읽다가 도전과 소망을 품게 된 구절을 기억합니다. 그날의 본문 중에서 가장 마음에 다가오는 구절에 밑줄을 긋고 왜 그 구절이 마음에 와 닿았는지 기도하며 떠오르는 생각들을 적어 봅니다.

4) 선포기도

도전과 소망, 순종을 삶 가운데 실현할 수 있는 힘과 능력과 은사를 주실 것을 기대하며 나사렛 예수의 이름으로 선포합니다.

tip) 기도는 한 번으로 끝나지 않는다는 것을 기억해야 합니다. 응답될 때까지 노트에 적은 것들을 기억하며 다음 날에도 주시는 마음을 따라 기도해야 합니다.

5) 순종하고 결단할 말씀 찾기

피해야 할 행동, 따라야 할 모범 등 성령님이 주시는 마음에 동의를 표하고 명령이나 요구가 있는 것에 순종하는 의지를 기도로 드립니다. 순종해야 할 것들을 구체적으로 적고 그 일들이 이루어질 수 있도록 기억나게 해 달라는 기도를 드립니다. 주님을 따르는 길에는 하고 싶은 것보다 하기 싫은 것들을 해야 할 경우가 더 많음을 기억하고 "주님이 옳습니다"라는 마음으로 순종의 의지를 드리도록 합니다.

tip) 가식 없는, 하나님 앞에 정직한 기도가 필요합니다.

6) 성령의 도우심을 구하는 간구기도

현실적으로 도전이 되는 것들과 소망과 순종을 어떻게 구체적으로 적용할 것인가를 생각하며 성령님의 도움을 요청합니다. 자신의 상황을 무시하고 소망만 품으면 삶에서 구체적인 변화가 일어나기 어렵습니다. 스스로 생각하기보다는 기도하며 차근차근 해나가야 할 것들에 대하여 지혜를 구하고, 받은 마음을 적어 보도록 합니다.

4. 감사기도

죄를 회개하게 해 주신 것에 대하여, 소망을 주신 것에 대하여, 힘과 능력을 주신 것에 대하여, 위로해 주신 것에 대하여, 붙들어 주신 것에 대하여 감사기도를 드리며 그날의 기도와 큐티를 마칩니다. 그 다음 날, 전날이나 그 이전의 결단들이 잘 진행되고 있는가를 살펴보고 결단한 것들이 흐려지지 않도록 계속해서 경계하는 것이 유익합니다.

tip) 주님과 동행하며 종일토록 묵상과 결단한 내용을 기억합니다.

5. 소그룹 나눔

기도하고 큐티한 내용을 소그룹 안에서 나눕니다. 공동체 안에서 비밀이 지켜지도록 중보기도를 훈련한다면 서로에게 유익을 끼칠 수 있습니다.

이렇게 해서 나오는 묵상의 결과들은 사실 몇 줄에 지나지 않습니다. 그러나 말씀에 마음을 비춰 보는 일은 처음부터 쉽게 이루어지는 작업이 아닙니다. 의지와 결단이 필요하고 실제적인 변화를 원하는 중심에서도 가장 높은 곳에 주님의 권위가 임해야 가능한 일입니다.

또한 꼼꼼히 기록하되 그날의 회개 가운데 돌이키고 싶은 마음, 소망을 일으키는 구절과 표현, 의지와 결단을 표현하는 문장들을 굳이 길게 늘여 쓸 필요는 없습니다.

말씀이 건강하게 해석되면 될수록 기도는 주님이 원하시는 방향으로 자리 잡혀 갈 것입니다. 그러므로 기도와 큐티를 하다가 중단되는 일이 없도록 믿음의 습관을 만들어 가며 조급함을 내려놓고 주님이 당신에게 행하시는 사랑과 용서와 위로와 능력을 맛보기를 기도합니다.

tip) 묵상을 적용할 때 유의할 점

1. 현재 삶에 구체적으로 적용할 수 있는 내용을 찾아 그대로 순종합니다.

2. 혼자 풀 수 없는 타인과의 문제는 자기중심적으로 해결하기보다는 상대방을 고려하여 적용하는 것이 중요합니다.

3. 훈계나 교정의 내용을 실천할 때, 무조건 타인에게 적용하는 일을 피해야 합니다. 자신에게 먼저 적용하는 태도가 필요합니다.

4. 적용에 치우쳐 상황에 말씀을 끼워 맞추지 않도록 주의해야 합니다.

5. 묵상하는 본문 외에 다른 말씀이 떠오를 경우, 그 말씀을 무시하지 말고 동일하게 묵상하고 적용할 수 있어야 합니다.

6. 의지를 가지고 변화를 결단하는 꾸준한 노력이 필요합니다.

기도 큐티 노트

기도 큐티를 일기처럼 적어 보기를 권합니다. 처음부터 잘 되지 않더라도 믿음의 분량에 따라 성실하게 해나가려는 노력이 필요합니다. 주님을 닮아 가는 모습 그 자체만으로도 하나님께 영광을 돌릴 수 있게 될 것입니다.

당장 거창한 결과물이 나오는 것은 아니지만 소소하게 바뀌어가는 성품이나 습관, 인격 등을 발견하면서 지금보다 더 확장된 마음으로 평안과 기쁨을 누릴 수 있게 될 것입니다.

다음에 소개하는 방법은 나에게 익숙한 방법입니다. 그러므로 꼭 이 순서를 고집할 필요는 없습니다. 각자 기도 큐티를 훈련하여 하나님과 더 친밀한 사귐이 있게 되기를 소망합니다.

기도 큐티 연습 1   본문 : 창세기 1장

1. 어제의 큐티와 삶 돌아보기

어제 송구영신 예배를 드리고 한해를 마감하며 만감이 교차되었습니다. 모든 것이 새롭게 출발하는데 내 마음속에는 여전히 과거에 매인 부분이 있습니다. 나의 이기심 때문일까요? 이 시간, 하나님께 정직하게 말씀드리겠습니다.

2. 말씀 이해하기

tip) 목사님의 새벽 설교와 주석 등의 자료를 활용해 메시지를 찾습니다.

첫째 날부터 셋째 날까지 하나님께서 이르신 명령, 곧 '나누시고, 모으심'을 통해 땅과 하늘의 공간에 질서가 생겨났습니다. 혼돈을 해결하신 것입니다. 먼저 혼돈을 해결해야 창조하신 것들을 채울 수 있는 공간이 생겨난다는 의미입니다. 마치 어지러운 냉장고의 찬그릇들이 주인의 손에서 정리될 때 새로 넉넉히 채울 수 있는 공간이 생겨나는 이치와 같습니다.

이후 넷째 날부터 여섯째 날까지는 만드시고 채우시는 것으로 공허를 해결하셨습니다.

마지막 일곱째 날은 안식일로서 하나님을 예배하고 주가 창조하신 생명의 거룩함을 찬양하며 주와 복된 교제를 누리는 날입니다. 하나님을 예배하는 시간, 하나님과의 교제의 시간을 통해서 받는 통치의 능력에 기뻐하십시오. 이는 '안식'을 통해서 하나님이 인간에게 내려 주신 소중한 기회입니다.

3. 말씀 붙들고 기도하기

내 마음 비추어 보기

하나님이 이르시되 … 보시기에 좋았더라!(창 1:10, 12, 18, 21, 25, 31)

모든 것이 새롭게 출발했습니다. 드디어 새해 첫날, 창세기 묵상이 시작되었습니다. 그런데 나에겐 아직도 과거에 매인, 해결되지 않은 감정이 남아 있습니다. 관계 가운데 생긴 문제입니다. 혼자서 해결하려고 하니 마음이 계속 불편합니다. 하나님께서 이르신 말씀에 순종하고 보시기에 좋은 사람으로 있고 싶은데 잘 되지 않아서 죄송한 마음이 듭니다.

회개기도

주님, 내가 과거의 시간에 머물지 않기를 원합니다. 이미 복을 주신 내 마음속 혼돈을 회개합니다. 용서하고 화해하라는 말씀을 따르지 못하고 있음을 회개합니다. 내 감정에 매여 주님이 주신 진정한 안식에 들어가지 못하는 것을 회개합니다. 날마다 반복되는 기도이지만 거룩한 마음이 회복될 때까지 회개하고 또 회개하게 하소서!

도전과 소망의 말씀 찾기

저녁이 되고 아침이 되니 이는 … 째 날이니라!(창 1:5, 8, 13, 19, 23, 31)

나에게도 선물하신 새로운 날이 있습니다. 이전에 갖고 있던 어둠에 대하여 승리하고 안식하게 될 것을 소망합니다.

선포기도

그대로 되니라!(창 1:7, 9, 15, 24, 30)

내가 나사렛 예수 그리스도의 이름으로 명하노니 계속해서 나의 감정에 속아 넘어가 주님이 주시는 기쁨과 평안을 잃어버리게 하는 거짓의 영들아! 관계 가운데 어려움을 주는 분리의 영들아! 묶임을 받고 내게서 떠나갈 지어다! 오늘 나는 주님의 안식에 들어가 영원한 나라를 소유할 것이다. 내 영아, 하나님이 이미 허락하신 사명을 찾을 지어다! 나를 위해서 이 땅에 오셔서 나를 빚으시고 생명을 불어넣어 생령이 되게 하시며 복된 호흡과 생기를 나누어 주신 내 아버지 하나님의 은혜에 나는 꼭 보답할 것이다. 내 안에 있는 어둠의 영들에 대한 승리를 선포한다!

순종하고 결단할 말씀 찾기

하나님이 그들에게 복을 주시며 하나님이 그들에게 이르시되 생육하고 번성하여 땅에 충만하라, 땅을 정복하라, 바다의 물고기와 하늘의 새와 땅에 움직이는 모든 생물을 다스리라 하시니라(창 1:28)

이미 나에게 주신 복입니다. 이미 구원받은 나에게 주신 말씀입니다. "생육하고 번성하여 땅에 충만하라, 땅을 정복하라, 바다의 물고기와 하늘의 새와 땅에 움직이는 모든 생물을 다스리라!" 이 말씀 이전에 하나님의 창조의 목적은 안식을 주시는 데 있음을 고백합니다. 영원의 시간을 구별하시려고 일곱째 날을 지정해 선물하신 하나님의 은혜와 주님의 십자가의 사랑을 기억하기로 결단합니다. 나의 나 된 것은 오직 주님의 은혜입니다. 진정한 안식으로 평안의 자리로 돌아가기를 결단합니다.

↓

간구기도

주님! 모든 것이 새롭게 출발합니다. 그러나 내 마음 안에는 아직 해결되지 못한 혼돈의 감정들이 섞여 있습니다. 나를 긍휼히 여기시고 주님과 깊은 교제 가운데 들어가 주님의 말씀에 순종하게 하셔서 나의 영혼이 쉼을 얻게 도와주소서! 새로운 일들을 기대합니다. 새 일을 행하실 주님을 기대합니다. 주님의 말씀에 빠져 들어가 혼돈이 정리되어서 하나님의 복된 사람으로 살아가게 하소서!

4. 감사기도

날마다 묵상의 말씀과 성령의 인도를 받을 수 있는 자리에 앉게 하시는 주님의 은혜에 감사드립니다. 끈기를 주셔서 이기게 하실 것을 믿습니다.

나는 아무것도 할 수 없음을 고백하며 모든 것을 의탁합니다. 나에게 힘을 주시고 안식을 겸하여 주신 주님, 나를 도우시는 주님, 감사합니다!

기도 큐티 연습 2   본문 : 창세기 3장

1. 어제의 큐티와 삶 돌아보기

관계 훈련은 계속됩니다. 마음에서 일어나는 부정적인 충동을 거절하고 싶습니다. 하나님께서 나에게 주신 정체성은 '하나님을 예배하는 자'입니다. '부정적인 말은 입에 두지 않기, 분별력이 흐려지지 않도록 깨어 있기'의 결단이 흐트러지지 않도록 경계하고 남을 탓하지 않기로 작정한 결심을 지키도록 힘쓰고 있습니다.

2. 말씀 이해하기

그런데 뱀은 여호와 하나님이 지으신 들짐승 중에 가장 간교하니라 뱀이 여자에게 물어 이르되 하나님이 참으로 너희에게 동산 모든 나무의 열매를 먹지 말라 하시더냐 여자가 뱀에게 말하되 동산 나무의 열매를 우리가 먹을 수 있으나(창 3:1~2)

뱀으로 위장한 유혹자는 거짓을 사주합니다. 유혹자는 하나님의 말씀을 왜곡시키고 의심하게 만듭니다. 여자는 하나님이 하신 말씀에 "만지지도 말라, 죽을까"라는 말을 첨가해서 아담에게 말했습니다. 그러나 하나님의 의도는 죽음에 있는 것이 아니라 생명에 있습니다. 하나님이 주신 생명을 갖게 된 인간은 도덕적 분별력도 선물로 받았습니다. 하나님의 말씀에 순종을 선택할 수 있는 능력입니다. 그러나 인간은 도덕적 독립을 선택합니다. 피조물의 수준에서 벗어나 스스로 분별력의 근원이 되고 싶어 했던 것입니다.

> 여자가 그 나무를 본즉 먹음직도 하고 보암직도 하고 지혜롭게 할
> 만큼 탐스럽기도 한 나무인지라 여자가 그 열매를 따먹고 자기와
> 함께 있는 남편에게도 주매 그도 먹은지라 이에 그들의 눈이 밝아
> 져 자기들이 벗은 줄을 알고 무화과나무 잎을 엮어 치마로 삼았더
> 라(창 3:6~7)

이것은 한순간의 실수로 볼 수 없습니다. 의도적 불순종으로 자유를 잃어버리게 된 것입니다. 이제 순전함을 상실한 인간은 수치심을 느끼게 되었습니다. 인간의 수치심은 무화과 잎으로 가릴 수 있는 것이 아닙니다. 이는 오직 하나님만이 가릴 수 있는 인간의 '죄'입니다.

> 내가 벗었으므로 두려워하여 숨었나이다(창 3:10)

두려움의 원인은 불순종입니다. 그러나 아담은 옷을 벗은 것 때문이라고 거짓말을 했습니다. 아담은 스스로 하나님으로부터 소외되는 길을 선택했습니다. 그가 저지른 불순종의 죄를 인정하고 회개했다면 관계는 회복되었을 것입니다. 금지된 영역인 선악을 알게 하는 나무의 실과는 하나님의 주권 영역입니다. 하나님의 주권을 인정했다면 그 말씀에 온전히 순종하는 '아들'이 되었을 텐데….

인간에게 부여하신 가장 큰 선물인 '자유의지'를 잘못 발휘해서 진정한 자유를 잃고 말았습니다.

> 여호와 하나님이 뱀에게 이르시되 네가 이렇게 하였으니 네가 모든 가축과 들의 모든 짐승보다 더욱 저주를 받아 배로 다니고 살아 있는 동안 흙을 먹을지니라 내가 너로 여자와 원수가 되게 하고 네 후손도 여자의 후손과 원수가 되게 하리니 여자의 후손은 네 머리를 상하게 할 것이요 너는 그의 발꿈치를 상하게 할 것이니라 하시고
> (창 3:14~15)

그리하여 여자와 뱀, 순종의 자녀들과 사단의 불순종의 자녀들이 서로 원수 관계가 되었습니다. 사람과 뱀 사이의 적대감은 하나님과 악한 자 사이의 거대한 싸움의 결과를 상징적으로 보

여 줍니다. 이 거대한 전쟁은 인간의 마음과 역사 안에서 일어납니다. 그리고 이 약속은 그리스도가 사단을 이기고 승리함으로써 성취됩니다. 믿는 자들은 이 승리에 참여하게 될 것입니다(롬 16:20).

> 여호와 하나님이 아담과 그의 아내를 위하여 가죽옷을 지어 입히시니라(창 3:21)

"피 흘림이 없은즉 사함이 없느니라(히9:22)"는 말씀과 같이 가죽옷은 죄를 지은 생명대신 다른 생명으로 대가를 치르고 죄 사함을 받게 하는 희생을 나타냅니다. 말하자면 예수님이 우리의 죄에 대한 흠 없는 희생 제물이 되셔서 하나님과 분리되었던 우리가 하나님과 대면할 수 있게 된 것입니다. 사단은 더 이상 우리의 원죄를 가지고 고소할 수 없게 되고, 정죄할 수 없게 되었습니다(롬 8:1).

하나님의 주권을 인정한다고 하면서도 모든 일에 스스로 분별하고 결정하려고 하는 우리 모습은 아담과 하와를 꼭 닮았습니다. 우리는 생명의 대가 지불을 뜻하는 가죽 옷의 은혜를 기억해야 합니다. 하나님의 주권을 인정하는 순종의 믿음이 우리를 생명의 길로 인도해 줄 것입니다.

3. 말씀 붙들고 기도하기

내 마음 비추어 보기

그런데 뱀은 여호와 하나님이 지으신 들짐승 중에 가장 간교하니라 뱀이 여자에게 물어 이르되 하나님이 참으로 너희에게 동산 모든 나무의 열매를 먹지 말라 하시더냐(창 3:1)

뱀이 나에게 유혹하는 거짓된 소리는 무엇인지 자문해 봅니다. 하나님은 나의 모든 주권을 가지신 주인이십니다. 그러나 나는 여지없이 내가 주인이 되고 싶어 합니다. 더욱이 내가 억울하다고 생각하는 일에는 하나님을 설득하려고 합니다. 하나님의 말씀까지 들이대며 하나님께서 허락하신 일들이 잘못되었다는 것을 증명하고 싶어 합니다.

⬇

회개기도

억울하다는 감정으로 부정적인 말을 계속하고 있습니다. 주님이 하시는 말씀을 들어도 내가 옳다고 설명하려 애쓰고 주님을 설득해서 내 마음이 풀릴 때까지 갚아 주시기를 바라는 이 마음에 사랑이 없음을 회개합니다.

도전과 소망의 말씀 찾기

내가 너로 여자와 원수가 되게 하고 네 후손도 여자의 후손과 원수가 되게 하리니 여자의 후손은 네 머리를 상하게 할 것이요 너는 그의 발꿈치를 상하게 할 것이니라 하시고(창 3:15)

여호와 하나님이 아담과 그의 아내를 위하여 가죽옷을 지어 입히시니라(창 3:21)

주님의 십자가의 은혜가 나에게 족합니다. 이천 년 전에 이미 나를 위해 죄 값을 치러 주신 그 사랑에 엎드립니다. 내가 하나님 앞에 설 수 있게 해 주신 주님! 나에게는 항상 돌아갈 기회가 있음을 기억합니다. 회개하고 돌이키는 일들이 지속적으로 이루어져 거룩한 마음이 부어지기를 소망합니다.

⬇

선포기도

내가 나사렛 예수 그리스도의 이름으로 명하노니 계속해서 나의 권리를 주장하게 하는 내 안의 교만의 영들아, 묶임을 받고 떠나갈 지어다! 부정적인 말로 이기심을 자극하는 어둠의 영들아! 묶임을 받고 떠나갈 지어다.

나는 이미 하나님의 자녀의 신분을 가진 자이다! 나는 하나님의 자녀답게 살아갈 것이다. 나의 주권은 오직 주님께 있다! 나는 십자가의 사랑의 은혜를 헛되게 하지 않을 것이다! 불순종의 영들아, 떠나갈 지어다! 다시는 주님과 함께 걷는 이 생명의 길을 잃어버리지 않을 것이다!

순종하고 결단할 말씀 찾기

여자가 그 나무를 본즉 먹음직도 하고 보암직도 하고 지혜롭게 할 만큼 탐스럽기도 한 나무인지라 여자가 그 열매를 따먹고 자기와 함께 있는 남편에게도 주매 그도 먹은지라(창 3:6)

의도적인 불순종의 원인은 하나님께 있는 것이 아니라 내게 있습니다. 나에게는 선한 분별력이 없음을 인정합니다. 항상 주님께 묻고 듣게 하소서! 내가 옳다고 생각하는 것에서 한 발짝 물러나서 오늘 나에게 원하시는 순종의 덕목이 무엇인지를 듣게 하소서! 오늘 나는 부정적인 말을 입술에 두지 않기로 결단합니다. 어떤 것도 탓하지 않기로 결단합니다.

간구기도

주님! 내게는 혼자 이 길을 갈 수 있는 지혜가 없습니다. 성령님의 인도하심이 필요합니다. 내가 교만한 마음으로 주님의 길에서 벗어날 때마다 깨달을 수 있도록 도와주소서! 말씀으로 깊은 교제 가운데 들어가 주님의 음성을 듣게 하시고 주님의 말씀을 따라 순종의 믿음으로 살아갈 수 있도록 순전한 믿음 주소서!

4. 감사기도

　오늘도 기도 큐티를 통해서 은혜 주시니 감사합니다. 깊은 통찰력을 가질 수 있도록 인도하여 주시고 말씀대로 살아갈 수 있도록 지혜 주실 주님을 기대합니다. 이 감사의 기도가 끊이지 않게 하시고 주님을 기쁘시게 하는 믿음으로 추수철 시원한 냉수와 같이 주님의 마음을 시원하게 해 드리는 주의 자녀가 되겠습니다. 주님, 감사합니다!

복 있는 사람은
악인들의 꾀를 따르지 아니하며
죄인들의 길에 서지 아니하며
오만한 자들의 자리에 앉지 아니하고
오직 여호와의 율법을 즐거워하여
그의 율법을 주야로 묵상하는도다

시편 1:1~2

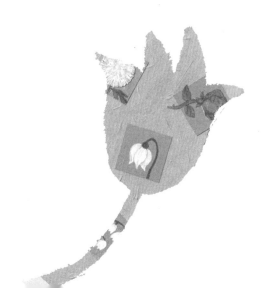

15

1. 어제의 큐티와 삶 돌아보기

어제는 내가 주님의 종이라는 것을 시인했고 시어머님에 대해 불편한 마음이 있었던 것을 회개했다. 오전에 어머님을 만나 뵙고 점심식사를 함께했다. 주님! 깨달은 말씀을 실천할 수 있도록 도와주셔서 감사합니다. 주님이 도우셨습니다. 오늘도 성령께서 인도하시기를 간구합니다.

2. 말씀 이해하기
새벽 설교

주인에게 돌아가기
끝까지 갈 때 온전한 순종이 된다. 하나님의 일을 끝까지 이루어 가는 사람이다.(마태복음 21장 두 아들 비유)
가룟유다-신실하게 따라가다가 배반.
예수님은 '돌이키라'고 권고하셨지만 예수님을 팔았다.
베드로-배신했지만 회개하고 주님 앞에 나아옴.
잠언 24:16-의인은 넘어지지 않는 자. 7번 넘어져도 다시 일어나는 자.

3. 말씀 붙들고 기도하기
3-1) 내 마음 비추어 보기
종의 신분을 망각하고 환경과 상황으로 지체하려는 경향
하나님의 일을 하면서도 지치고 피곤하는 내 모습

3-2) 회개기도
지치고 피곤합니다. 지치고 피곤한 상태에 속은 것을 회개합니다.

생각난 말씀
(17:16, 22:17, 24:60)

놀라운 결단에 부어진 축복

54 이에 그들 곧 종과 동행자들이 먹고 마시고 유숙하고 아침에 일어나서 그가 이르되 나를 보내어 내 주인에게로 돌아가게 하소서

종은 주인의 마음을 살피는 충성된 자. 자신의 정체성을 망각하지 않음.
3-3) 도전과 소망
먼 길을 왔어도 바로 돌아가야 한다. 이삭과 리브가의 결혼이 성사되기까지 아직 사명이 끝나지 않았기 때문이다.

55 리브가의 오라버니와 그의 어머니가 이르되 이 아이로 하여금 며칠 또는 열흘을 우리와 함께 머물게 하라 그 후에 그가 갈 것이니라

56 그 사람이 그들에게 이르되 나를 만류하지 마소서 여호와께서 내게 형통한 길을 주셨으니 나를 보내어 내 주인에게로 돌아가게 하소서

57 그들이 이르되 우리가 소녀를 불러 그에게 물으리라 하고 58 리브가를 불러 그에게 이르되 네가 이 사람과 함께 가려느냐 그가 대답하되 가겠나이다

59 그들이 그 누이 리브가와 그의 유모와 아브라함의 종과 그 동행자들을 보내며 60 리브가에게 축복하여 이르되 우리 누이여 너는 천만인의 어머니가 될지어다 네 씨로 그 원수의 성문을 얻게 할지어다

가족들이 리브가의 선택을 존중하고 축복함.
3-3) 도전과 소망
'사라'와 '아브라함'에게 주셨던 축복. 하나님이 라반의 입에 주신 말씀이 리브가에게 흘러가도록 하심. 배가 되는 축복.
3-5) 순종과 결단
선택을 존중, 축복: 올바른 하나님의 뜻에 순종하는 선택을 할 수 있도록 양육해야겠다

61 리브가가 일어나 여자 종들과 함께 낙타를 타고 그 사람을 따라가니 그 종이 리브가를 데리고 가니라

3-5) 순종과 결단
믿음의 길로 가기로 결단하기를 원하심.

62 그때에 이삭이 브엘라해로이에서 왔으니 그가 네게브 지역에 거주하였음이라

63 이삭이 저물 때에 들에 나가 묵상하다가 눈을 들어 보매 낙타들이 오는지라

64 리브가가 눈을 들어 이삭을 바라보고 낙타에서 내려 65 종에게 말하되 들에서 배회하다가 우리에게로 마주 오는 자가 누구냐 종이 이르되 이는 내 주인이니이다 리브가가 너울을 가지고 자기의 얼굴을 가리더라

66 종이 그 행한 일을 다 이삭에게 아뢰매 67 이삭이 리브가를 인도하여 그의 어머니 사라의 장막으로 들이고 그를 맞이하여 아내로 삼고 사랑하였으니 이삭이 그의 어머니를 장례한 후에 위로를 얻었더라

하나님의 역사는 계속 이루어져 간다. 아브라함이 사라져도 새로운 세대가 열린다. 하나님의 마음에 합한 사람을 통해서….
한 사람의 순종으로 이삭과 그 다음 야곱에게로 이어진다.

생각난 말씀
예수님의 겟세마네 동산의 기도: "내가 이 길을 가겠다."

3-4) 선포기도
내가 나사렛 예수 그리스도의 이름으로 명하노니 계속해서 상황 가운데 빠져서 주님이 인도하시는 길을 잃어버리게 하는 낙심의 영들아, 지치게 하는 어둠의 영들아, 묶임을 받고 내게서 떠나갈 지어다. 오늘 나는 주님의 길을 가는 것을 멈추지 않을 것이다. 내 영아, 하나님이 인도하시는 길을 찾을 지어다. 나는 나의 다음 세대인 자녀들에게 갑절의 축복이 되는 순종의 사람이 될 것이다!

3-6) 간구기도
하나님의 축복과 기쁨을 흘려보내는 하나님의 마음에 합한 자로 순종하며 살아가도록 결단하게 하소서. 다음 세대에 까지 흘려가도록 사랑과 은혜, 힘과 능력을 부어 주소서. 오늘 나의 정체성을 망각하는 일이 없이 상황에 속지 않고 신실한 믿음과 주님 주시는 능력으로 살아갈 수 있도록 도움을 요청합니다.

4. 감사기도
오늘도 나와 함께해 주시는 약속 가운데 나아가게 하심을 감사드립니다.

「말씀애(愛), 기도애(愛)」를 통해서 여러분의 삶에
성령의 충만한 기름부으심과
주님의 풍성하고도 부요한 사랑과 은혜와 평강이
넘치기를 기도합니다!